TALLER DE
CARPINTERÍA
PARA NIÑ*S

ANTJE Y SUSANN RITTERMANN

GGDIY KIDS

ÍNDICE

INTRODUCCIÓN 4
TALLAR 6

CONSTRUIR 48

NOS ENCANTA TRABAJAR LA MADERA, ¿Y A TI?

No importa si ya has trabajado con madera o si nunca lo has intentado: queremos animarte a que entres en el taller y pruebes diversas técnicas, desde la talla hasta la escultura pasando por la creación de algunos objetos de madera.

Limar, serrar, perforar... Con este libro aprenderás varias técnicas útiles para trabajar la madera. Para que puedas poner en práctica lo aprendido cuanto antes, hemos incluido también varios proyectos de cada una de las técnicas.

¿Un enanito o un forzudo? ¿Un barco o un todoterreno? ¿O mejor un balancín con un juego incorporado? Este libro reúne varios proyectos que han sido ideados por niños, ¡y que tú también podrás hacer! Te enseñaremos cómo llevar a cabo tus propias ideas con los medios que tengas a mano.

¿Te aburres cuando las instrucciones son muy largas? No pasa nada, solo tienes que fijarte bien en las ilustraciones detalladas de cada proyecto y, por cierto, no es necesario tener un taller de carpintería perfectamente equipado. Algunas de estas propuestas han sido realizadas sobre un banco, en medio del bosque o en una tienda de campaña. Hemos recogido madera a la deriva*, ramas caídas de los árboles y trozos de madera sobrantes que pueden pedirse en cualquier obra. Con un formón, una sierra, un taladro, cola, sargentos, un martillo y unos clavos ya habrás reunido las herramientas más importantes.

Así que ¿a qué estás esperando?

¡Que te diviertas!

Antje y Susann Rittermann

Junto a este símbolo encontrarás un consejo de seguridad importante. Además, en la página 158 encontrarás información general sobre las medidas de seguridad que debes tener en cuenta.

*   Puedes consultar las palabras señaladas con un asterisco en el glosario final.

Los textos con este símbolo van dirigidos a los lectores adultos. Aunque ¿quién sabe?, tal vez también te pueden interesar.

La bombilla indica un consejo o un truco especiales.

Los códigos QR son enlaces a vídeos breves que pueden encontrarse en

https://ggili.com/videos-carpinteria

TALLAR

Raoul, 11 años

MATERIALES

1 CORTEZA RAFIA

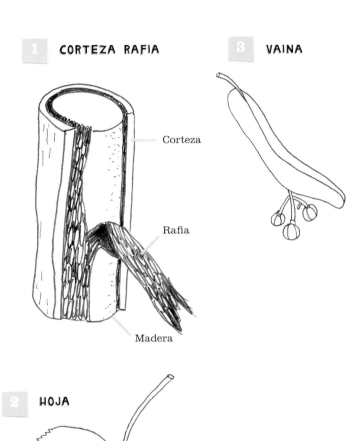

Corteza

Rafia

Madera

3 VAINA

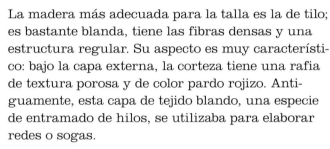

2 HOJA

La madera más adecuada para la talla es la de tilo; es bastante blanda, tiene las fibras densas y una estructura regular. Su aspecto es muy característico: bajo la capa externa, la corteza tiene una rafia de textura porosa y de color pardo rojizo. Antiguamente, esta capa de tejido blando, una especie de entramado de hilos, se utilizaba para elaborar redes o sogas.

1 Normalmente la rafia puede desprenderse sin problemas con los dedos. La madera que encontraremos debajo es lisa, de color blanco amarillento y con un ligero brillo sedoso **4** .
La madera de tilo desprende un agradable olor dulzón. Huele la madera y graba ese aroma en tu memoria, porque el olor es una característica que te permitirá identificarla con seguridad, como ocurre con el roble o la robinia.

2 Los tilos son fáciles de reconocer por sus hojas en forma de corazón y por sus flores.

3 Otro rasgo distintivo son las vainas que cuelgan del árbol incluso después de que se le hayan caído las hojas. En el campo puedes recoger ramas de tilo caídas, aunque también puedes conseguirlas durante los trabajos de poda invernales. ¡Lo que no debes hacer en ningún caso es cortar ramas de los árboles!

Las maderas de abeto y de pino también son bastante blandas, y son de las más útiles para nuestros proyectos.

5 La madera de pino tiene fibras largas y duras, y vetas* claramente visibles. Las vetas oscuras son más duras porque contienen más resina, mientras que las claras son más blandas. Esto complica el trabajo sobre la testa* de la madera. La madera de pino se astilla fácilmente en la dirección de las fibras. Si tienes en cuenta esta limitación, también puedes utilizar cabios*, los listones que se utilizan para construir tejados, o algún otro tipo de pieza parecida ya cortada. Se pueden comprar simplemente cortados o también cepillados. La diferencia puede apreciarse en la imagen de la derecha.

6 La corteza de abeto es aún más fácil de trabajar que la madera de tilo, y es muy útil para fabricar barquitos.

Para todos los trabajos de talla que aparecen en este libro hemos utilizado ramas de tilo, cabios o trozos de corteza de abeto. Sin embargo, puedes utilizar otros tipos de madera para practicar la talla.

9

HERRAMIENTAS

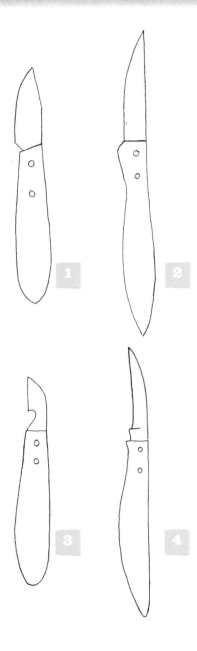

Para tallar solo necesitas un cuchillo. Para empezar escoge uno de hoja corta, pues son más fáciles de sujetar. Lo importante es que el cuchillo que utilices se adapte bien a tu mano: no debe ser ni demasiado grande ni demasiado pesado. En las tiendas de herramientas encontrarás un montón de cuchillos de talla con hojas y mangos de formas muy distintas. Aquí puedes ver una selección.

1 Los cuchillos de hoja corta, ancha y con el filo redondeado hacia la punta son los más adecuados para tallar; son versátiles y serán más que suficientes para realizar cualquiera de estos proyectos.

2 Esta forma de la hoja es práctica para trabajar grandes superficies, aunque la parte más estrecha de la punta puede llegar a romperse si el cuchillo no se utiliza adecuadamente.

3 Un cuchillo perfecto para cortes pequeños, finos y profundos, pero inadecuado para las grandes superficies.

4 Este cuchillo es recomendable para trabajar superficies grandes y rectas y para espacios estrechos. Pero ¡cuidado!, es fácil confundir el filo por el mango del cuchillo.

Tu cuchillo de tallar debe estar bien afilado, y para ello necesitas una piedra de afilar.*
Para facilitar la talla, a veces necesitarás una sierra. Además, para ciertos pasos, las escofinas, las limas y el papel de lija pueden ser de utilidad. Todas estas herramientas están descritas con más precisión en el capítulo "Construir" (página 49 y siguientes).

 Es muy importante que el cuchillo sea de hoja fija. Las navajas y los cuchillos con defensa* no son adecuados para este tipo de trabajos.

TÉCNICA

Para tallar, debes estar sentado de forma segura y estable, con los pies firmemente apoyados en el suelo

Pelar la corteza

Para pelar la corteza debes mover el cuchillo siempre desde tu cuerpo hacia afuera. Relaja los antebrazos sobre los muslos y abre bastante las piernas, así evitarás cortes si se te resbala el cuchillo. Trabaja solo la parte de la madera que quede por delante de la mano con la que estás sujetando la pieza cuidando de mantener una distancia prudencial respecto a esta. Cuando hayas quitado la corteza de un lado, gira la madera y haz lo mismo con el otro.

Para pelar la corteza, tienes que mantener la hoja del cuchillo bastante paralela a la madera. Si el ángulo de inclinación de la hoja se abre demasiado respecto a la superficie de la madera, la viruta será demasiado gruesa y el cuchillo se trabará. Con movimientos tranquilos y regulares, recorre con el cuchillo la pieza hasta el final, como si estuvieras pelando un pepino. Si lo haces bien, las virutas serán finas y largas. Una vez hayas quitado la primera capa de corteza te resultará más sencillo. Normalmente podrás quitar con los dedos la última capa de corteza, la rafia, así obtendrás una superficie lisa sobre la que podrás trazar tu diseño. En el vídeo puedes ver cómo se hace. Puedes guardar algún trozo de rafia de la corteza, puede servirte de espátula* a la hora de encolar.

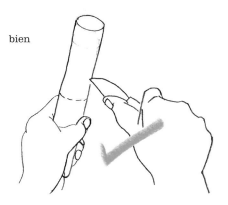

bien

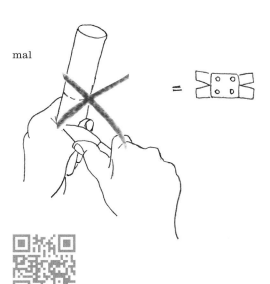

mal

Vídeo 1

1 Testa (difícil de trabajar)

EN LA DIRECCIÓN de las fibras (bien, aunque cuidado, es fácil que te pases)

INCLINADO respecto a las fibras (bien)

PERPENDICULAR a las fibras (antes hay que serrar)

Sentido del corte. Para controlar un corte lo mejor es trabajar ligeramente oblicuo respecto de las fibras.

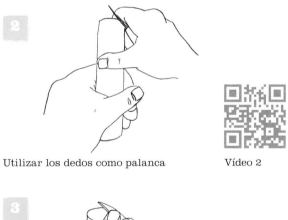

Utilizar los dedos como palanca

Vídeo 2

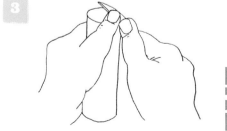

El pulgar ayuda a empujar el cuchillo

Vídeo 3

1 La dirección de tallado

Enseguida te darás cuenta de que la mejor manera de tallar es manteniendo la hoja del cuchillo ligeramente inclinada respecto a las fibras, que podríamos decir que son los canales por los que se alimenta un árbol y que van de las raíces a las ramas. Las fibras marcan la dirección que debemos tener en cuenta a la hora de tallar la madera. Resulta más difícil tallar perpendicularmente a las fibras o en la testa de la rama; si lo hacemos longitudinalmente, siguiendo la dirección de las fibras, podremos trabajar más fácilmente. Sin embargo, es frecuente que en este último caso se desprendan astillas.

Según el tipo de madera, las fibras serán más o menos pronunciadas. La dirección de las fibras en la madera de abeto es muy definida, aunque en la de tilo no se percibe con tanta claridad.

Es preferible marcar previamente con una sierra los grandes cortes perpendiculares a las fibras, así se podrá trabajar mejor con el cuchillo y se evitará que se desprendan astillas indeseadas en la dirección de las fibras, especialmente cuando trabajamos con madera de pino.

2 Redondear la testa

Para redondear la testa —por ejemplo, para dar forma a una cabeza—, intenta que las virutas queden cortas y finas, como si fueran copos de avena. Separando lo suficiente los pulgares, también puedes utilizarlos para hacer palanca con el cuchillo hacia ti. En el vídeo puedes aprender esta técnica.

3 Si te resulta demasiado difícil, es preferible trabajar con el cuchillo hacia afuera. Con el pulgar de la mano que sostiene el trozo de madera puedes empujar el mango del cuchillo, para así facilitar el corte. Esto también puedes comprobarlo en este vídeo.

Y un consejo: mejor muchas virutas finas que pocas gruesas.

Para tallar figuras de menos de 15 cm, sostendrás mejor la pieza con la mano si tallas a partir de una rama larga y la cortas después con la sierra a la longitud deseada (véase página 18).

Para no hacerte daño mientras tallas, debes evitar los movimientos amplios o hacer demasiada fuerza. Para ello intenta mantener en todo momento los antebrazos relajados sobre los muslos, o los brazos bien pegados al pecho.

La talla de detalles

Para tallar detalles —como las líneas que marcan el pelo, los brazos, la cara, plumas o garras—, hay que tener mucho cuidado. Coloca la figura sobre una base estable. La distancia entre la mano que sostiene la pieza y la que se utiliza para cortar debería ser bastante amplia. También puedes sujetar la figura en un tornillo de banco. Marca la línea con la punta del cuchillo y presiónalo como lo harías con un abrelatas, hacia abajo. A continuación, aparta el cuchillo y repite la operación.
De esta manera, el contorno del diseño se marca con precisión, como puede verse en las fotografías 1 y 2. También puedes ver el vídeo sobre esta fase del proceso.

3 Como si lo hicieras contra un corte de sierra, talla los detalles contra las líneas que has marcado para resaltar los detalles. Puedes comprobarlo en el vídeo adjunto.

Vídeo 5

Vídeo 4

PROYECTO

Antes de empezar a tallar, dibuja la figura en un papel. ¿Quieres tallar un enanito, un vaquero, una princesa o un gato? Tú decides: no pongas límites a tu imaginación.

Todas estas explicaciones y consejos sirven para figuras que puedan tallarse a partir de una rama; con una simple rama se puede entender perfectamente cómo funcionan las fibras de la madera. Por tanto, la figura debe tener una forma más bien cilíndrica, de modo que los pies y la cabeza se correspondan con las testas de la madera. Es preferible que en un principio no hagas detalles demasiado complicados.

Pasa el dibujo del papel a la rama. Marca el cuello, la cintura, los pantalones o la falda, los pies, etc. con unas líneas que rodeen la rama, como si fueran cinturones. Con estas líneas apreciarás mejor el volumen de la rama para poder obtener una escultura a partir del dibujo.

También puedes tallar animales: una serpiente, un lagarto o una marta son fáciles de lograr; pero habrá otros que tendrás que representar tumbados o muy simplificados para poder adaptarlos a la forma de la rama. Para ello también tendrás que marcar con la sierra los cortes principales perpendiculares a las fibras o especialmente profundos.

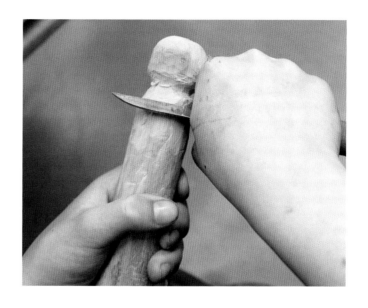

Dibuja en un papel grande un círculo de unos 30 cm de diámetro, colócalo en el suelo y ponte en su centro. Imagina que el círculo es la sección de una rama y tú eres la figura: prueba a colocarte en diferentes posiciones. Todo aquello que sobresalga del círculo tendrás que pegarlo al cuerpo de algún modo. Podrás apreciar todo esto mejor con la ayuda de un espejo o pidiéndole a un amigo que se coloque en el círculo.

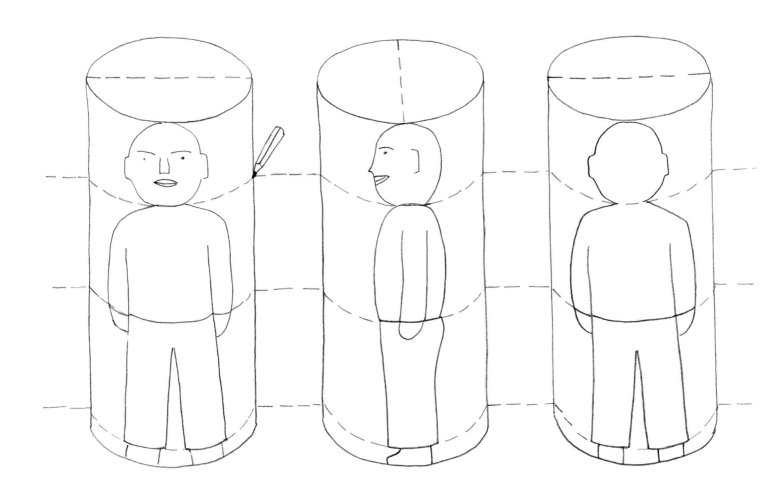

ENANITOS

MATERIAL
• Una rama de tilo de un pulgar de grosor como mínimo y de unos 15 cm de longitud (te servirá para unos tres enanitos)

HERRAMIENTAS
• Cuchillo de tallar
• Sierra japonesa
• Lápiz
• Lápices o rotuladores de colores

Arne Paul, 5 años; Konrad, 7 años

¿Es la primera vez que tallas? ¡Entonces un enanito es el proyecto perfecto para ti!

Primero quita unos 8 cm de corteza del extremo superior del palo y a continuación sácale punta: tendrás la punta del sombrero del enanito.

Después dibuja con lápiz la cara y marca el límite del abrigo: por ahí es por donde tienes que serrar el palo. ¡Y ya tendrás tu enanito! Si quieres puedes pintarlo de colores.

Tanne, 8 años

Variante
Si ya tienes un poco de práctica tallando, puedes hacer un corte poco profundo alrededor de la barbilla y utilizar el cuchillo de tallar para definir la cabeza, la barbilla, el cuello y el pecho redondeando el lugar del corte.

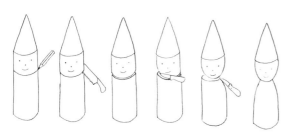

Talla a partir de un corte de sierra alrededor de la rama

Nicole, 15 años

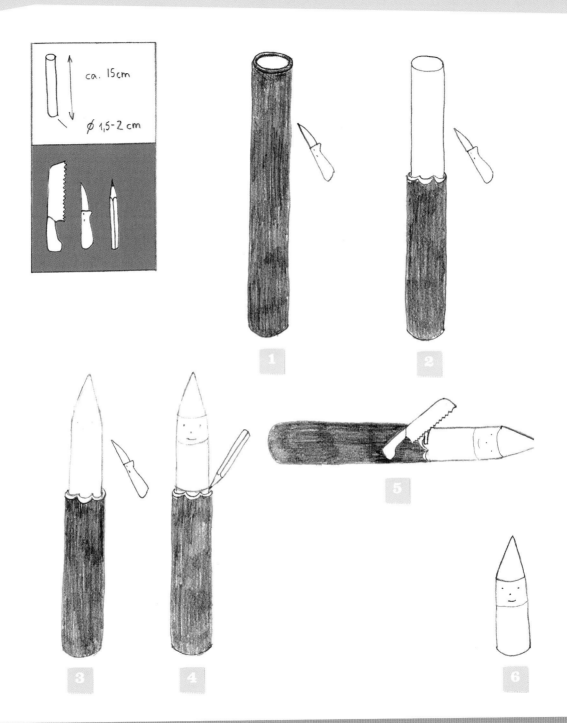

ca. 15cm

∅ 1,5-2 cm

1

2

3

4

5

6

19

BLANCANIEVES
Y LOS SIETE ENANITOS

Tanne, 8 años

MATERIAL
• Una rama de tilo de unos 3-5 cm de diámetro y 20 cm de longitud

HERRAMIENTAS
• Cuchillo de tallar
• Sierra japonesa (opcional)
• Lápiz
• Lápices o rotuladores de colores

Si ya tienes los siete enanitos, solo te falta Blancanieves. Primero vuelve a pelar la corteza y, a continuación, redondea el extremo superior del palo para dar forma a la cabeza.
Dibuja la cara, el pelo y el vestido a lápiz o con colores, ¡y ya está!

Variante
Si ya tienes un poco de práctica tallando, hazle un corte poco profundo con la sierra alrededor de la barbilla y la cintura, y utiliza el cuchillo para definir la barbilla, el cuello, el pecho, la espalda, la cintura y las caderas.

Rudi, 5 años

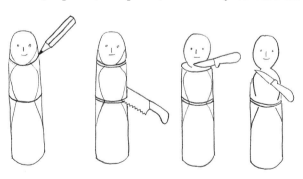

Talla a partir de un corte de sierra alrededor de la rama

ca. 20 cm

Ø 3-5 cm

1

2

3

4

5

6

21

SERPIENTE

MATERIAL
• Una rama de tilo de un pulgar de grosor como mínimo de unos 20-50 cm de longitud

HERRAMIENTAS
• Cuchillo de tallar
• Tijeras
• Lápiz
• Lápices o rotuladores de colores
• Sierra japonesa

La serpiente parecerá más natural si buscas una rama sinuosa. No es imprescindible que sea de madera de tilo. Para hacer una serpiente con la boca abierta, pégale una lengua con unas gotas de cola de carpintero.

Como ya has aprendido a sacar punta y a redondear el extremo de una rama, ahora, al tallar la serpiente, aprenderás también a abrir una hendidura. El primer paso vuelve a ser pelar la corteza. Si puedes, intenta quitar la última capa, la rafia, solo con los dedos, así tendrás una superficie especialmente lisa, sedosa y brillante, como la piel de una serpiente. Coloca la rama pelada sobre una superficie regular y obsérvala con atención. ¿Parece una serpiente posada en el suelo o tienes que darle un poco de forma a la rama? ¿Cuál de los extremos será la cabeza y cuál la cola? Dibuja primero los ojos para no olvidarte de cuál es la parte delantera y cuál la trasera mientras tallas.

Redondea la cabeza y sácale punta a la cola. Busca una buena viruta de corteza y córtala con las tijeras para formar una lengua de serpiente, y después abre una hendidura en la cabeza para definir la boca. Para ello, presiona el cuchillo contra la madera y muévelo ligeramente de un lado para otro. Intenta no llegar a cortar, sino más bien hacer palanca con cuidado. Enseguida notarás si la madera empieza a resquebrajarse. Trabaja con cuidado, y si no lo ves claro, pide ayuda a algún adulto. Pega la lengua en la hendidura para que sobresalga de la boca. En el vídeo podrás ver cómo se hace.
Y hecho esto, ya puedes dibujar la piel de la serpiente con lápices de colores o rotuladores.

Benjamin, 9 años; Hermine, 12 años

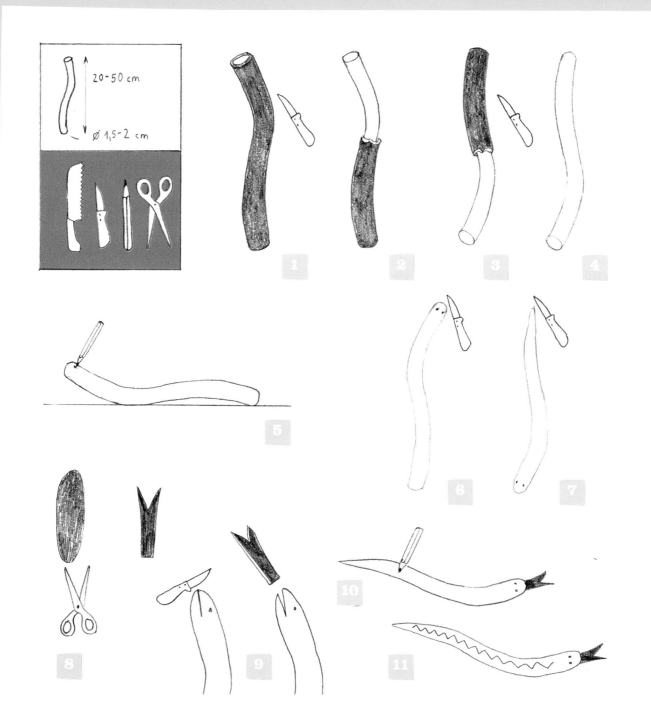

20-50 cm

∅ 1,5-2 cm

1 2 3 4

5

6 7

8 9 10 11

COCODRILO

MATERIAL
• Una rama de tilo de 4-6 cm de diámetro y unos 20 cm de longitud

HERRAMIENTAS
• Cuchillo de tallar
• Sierra japonesa
• Lápiz
• Lápices o rotuladores de colores (opcional)

Para hacer un cocodrilo es mejor utilizar una rama de sección ovalada, pues así queda más espacio para las patas y la cresta del lomo. Quedará más realista si encuentras una rama algo torcida. Si quieres, al final puedes pintarlo de colores.

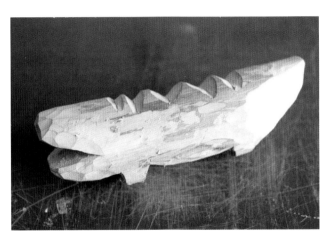

Rudie, 5 años

Tallar un cocodrilo no es difícil. Lo más importante son los cortes de sierra perpendiculares a las fibras que hay que hacer antes de tallar.

El primer paso vuelve a ser quitar la corteza. Dibuja el cocodrilo a lápiz sobre la madera pelada, intentando aprovechar toda la longitud de la pieza. Dibuja la boca del cocodrilo en un extremo y la punta de la cola en el otro, y después marca dónde irán las patas, así podrás determinar la longitud del hocico, de la panza y de la cola.

Con la sierra, corta unos 5 mm de profundidad donde vayan las patas y después empieza a redondear la panza tallando con el cuchillo hacia las marcas de la sierra, que servirán de tope. De esta manera conseguirás definir las patas sin que te salten astillas.

Una vez acabadas las patas, vuelve a coger la sierra para cortar la boca, la cresta del lomo y la cola.

Ahora dibuja los picos de la cresta del lomo. En este caso, la talla perpendicular a las fibras también deberá partir de unos cortes de sierra, de modo que el cuchillo corte dentro de un límite definido. En el vídeo puedes verlo con más claridad.

Para acabar, coloca el cocodrilo sobre una superficie plana y comprueba que queda estable sobre las patas; si no es así, sigue trabajándolas hasta que deje de tambalearse.

Vídeo 11

Nicole, 15 años; Sonja, 4 años

Dominik, 11 años

Henriette, Carolina y Nils, 10 años

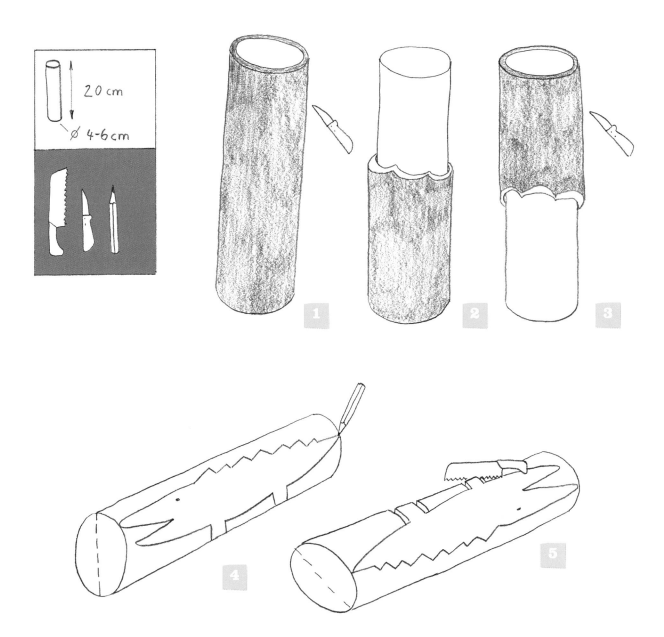

20 cm

ø 4-6 cm

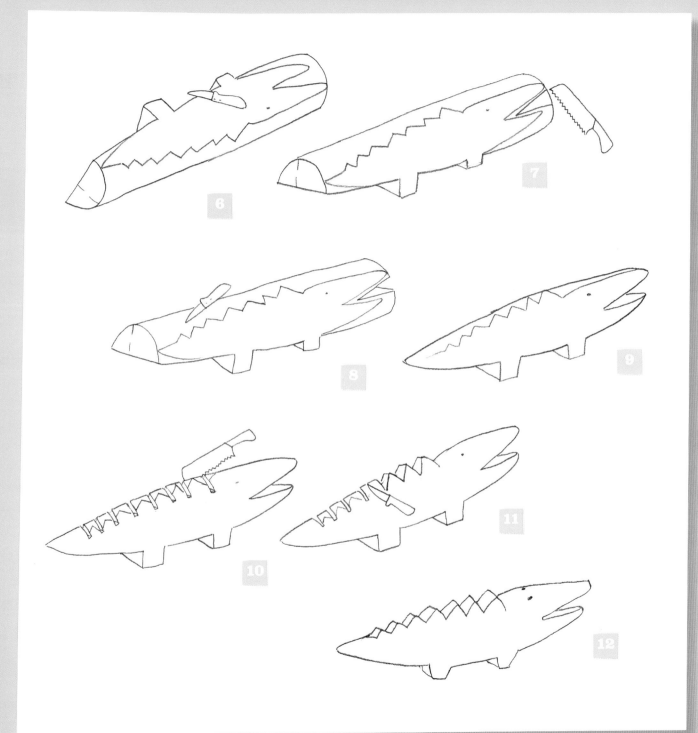

LEÓN

MATERIAL
• Una rama de tilo de 6-8 cm de diámetro y unos 20 cm de longitud

HERRAMIENTAS
• Cuchillo de tallar
• Sierra japonesa
• Lápiz

Bruno, 15 años

¿Te gustaría tener un león guardián? ¡Pues ya puedes tallarte uno! Para empezar, sigue los mismos pasos que en los proyectos anteriores: pela la corteza, dibuja el león intentando utilizar toda la rama y marca antes con la sierra todos los cortes perpendiculares a la dirección de las fibras.
Después sierra la parte que va desde el hocico a las patas delanteras, y la que va desde el cogote hasta el lomo. A partir de estos cortes de sierra, utiliza el cuchillo de tallar para definir el hocico, las patas, la melena y el lomo.
Finalmente, utiliza la sierra para cortar las patas siguiendo la dirección de las fibras, y comprueba si el león queda estable encima de una superficie plana.

Dibujo de lo que Bruno se propuso hacer con su rama: el león tumbado aprovecha bien la extensión de la rama. La cabeza, la punta del hocico, los cuartos traseros y las patas delanteras quedan en las partes más externas del trozo de madera. En un segundo dibujo alargó las patas delanteras para que el león quedara más estirado.

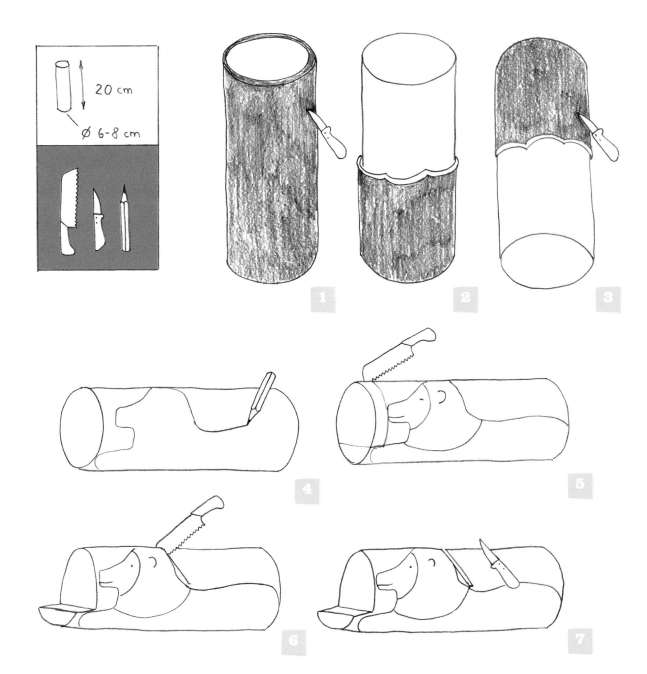

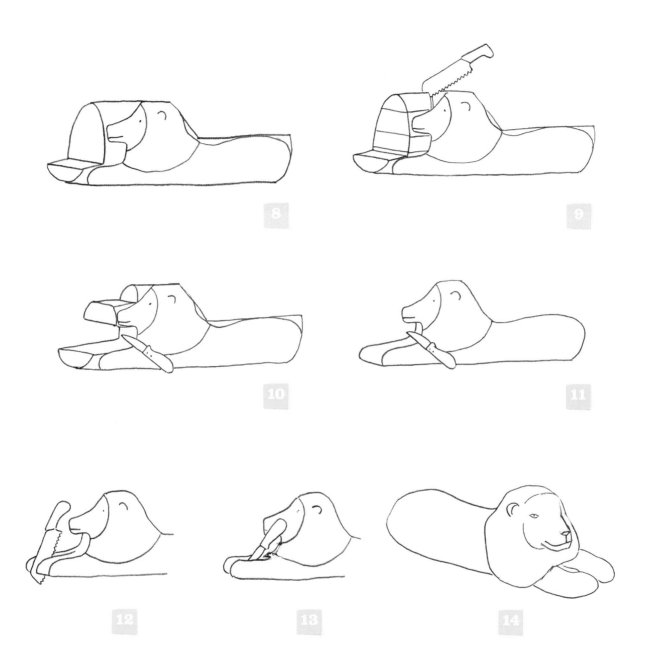

CONEJO

MATERIAL
• Un trozo de rama de tilo de 4-6 cm de diámetro y unos 10 cm de longitud

HERRAMIENTAS
• Cuchillo de tallar
• Sierra japonesa
• Lápiz

El conejo es otra figura sencilla para practicar. ¿Visualizas ya lo que hay que cortar con sierra? Pues desde el hocico hasta las patas y desde las puntas de las orejas hasta el lomo. Además, tendrás que hacer un corte superficial con la sierra bajo la barbilla para luego redondearlo con el cuchillo. Como en la cola, tendrás que hacer un corte con la sierra antes de definirla con el cuchillo. ¡Solo nos falta la cara! Dibújala a lápiz.

Suvi, 12 años

Ilustraciones de cómo Suvi desarrolló esta idea:

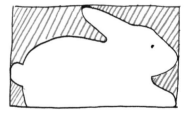

En el primer boceto ya aprovecha toda la rama: el hocico y la cabeza quedan en los extremos de la pieza. Suvi rayó las partes que había que serrar para facilitar el tallado.

El rayado marca lo que debe vaciarse al tallar, de modo que se ve claramente que el hueco entre las orejas y el lomo puede resultar muy difícil de tallar. El cuello y las patas delanteras corren el riesgo de romperse mientras tallamos.

Aquí se simplifica todavía más el dibujo. A partir de la definición detallada de las patas aparecerá la superficie de contacto con el suelo, con lo que quedará más espacio para las orejas y no será necesario tallar tanto.

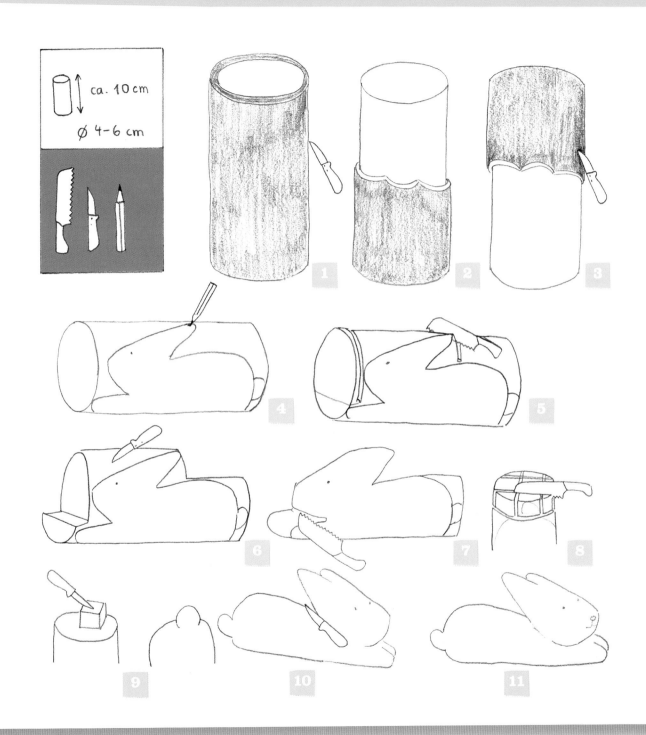

ca. 10 cm

Ø 4–6 cm

1

2

3

4

5

6

7

8

9

10

11

BÚHO

Yayoi, 10 años

MATERIAL
• Una rama de tilo de 4-6 cm de diámetro y unos 20 cm de longitud

HERRAMIENTAS
• Cuchillo de tallar
• Sierra japonesa
• Lápiz

Un búho es una buena idea para una talla, pues es fácil de reconocer por sus plumas levantadas que parecen unas orejas.

Una vez pelada la corteza y después de dibujar el búho en la rama, haz dos cortes de unos 5 mm de profundidad con la sierra en la parte superior, de modo que el cuchillo tenga un tope cuando empieces a redondear la cabeza entre las plumas levantadas. Para separar la zona del tronco de la cabeza, vuelve a trabajar contra las fibras. Para ello haz unos cortes con la sierra, aunque esta vez menos profundos, de unos 3 mm.

Ya solo queda definir las garras y las alas, y, por supuesto, ¡no te olvides de esos ojos redondos tan característicos!

Dibujos de cómo Yayoi desarrolló su idea para el búho:

El primer dibujo es muy detallado. Yayoi rayó las zonas que había que vaciar para apreciar el trabajo necesario, y eso también mostró que existía bastante peligro de que las alas y las garras se quebraran tal como había planteado la figura.

Pela solo la parte superior de la rama, unos 8 cm, y deja el resto con la corteza, así parecerá que el búho está posado sobre un tronco.

En este segundo dibujo, Yayoi cambió de idea: ahora el búho tenía las alas pegadas al cuerpo y se aprovechaba la toda la longitud de la rama; así había menos material que tallar.

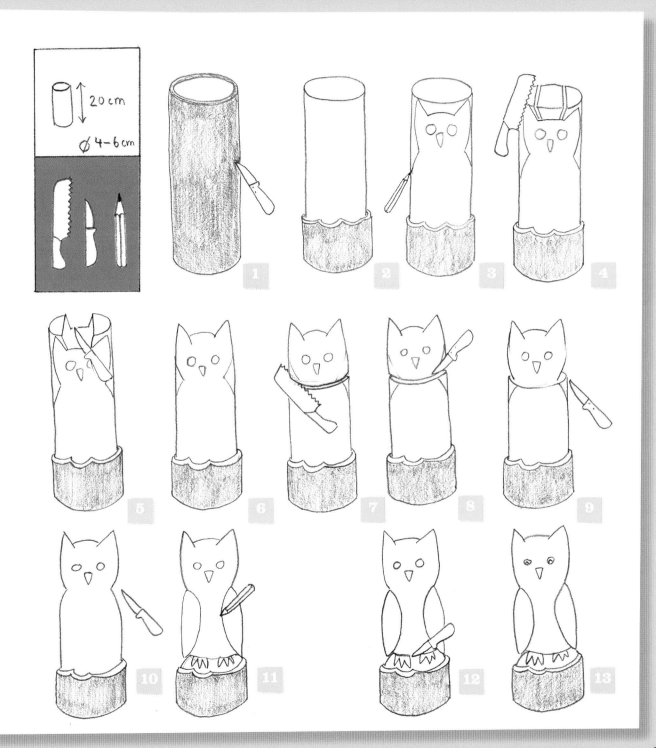

ARDILLA

MATERIAL
• Una rama bifurcada de tilo,
de unos 5 cm de diámetro
y unos 20 cm de longitud
• Una bellota, una avellana
o algún fruto seco similar

HERRAMIENTAS
• Cuchillo de tallar
• Sierra japonesa
• Lápiz

Para hacer esta ardilla es necesario tener una rama
bifurcada de tilo, así solucionamos dotarla de su
característica y majestuosa cola. Primero pela la
corteza y dibuja la figura sobre la madera.
A continuación, haz un corte vertical con la sierra
en la parte superior de la cabeza. Una vez redondeada
la cabeza entre las orejas, vuelve a utilizar la sierra
para hacer un corte poco profundo alrededor del
cuello para poder trabajar cómodamente con el cuchillo aunque talles contra la dirección de las fibras.
Define la barbilla, la panza, el cogote y el lomo.
Talla la cola, define las patas y dibújale la cara.
Ya solo queda colocarle una bellota o una avellana
entre las patas delanteras, como si se la estuviera
comiendo, y ¡zas!, la ardilla ya está lista para saltar
de árbol en árbol.

Suvi, 12 años

Desarrollo de la idea de Suvi

En el primer boceto la
ardilla tenía las patas
muy separadas del cuerpo,
el pequeño espacio entre
el tronco y la cola era muy
difícil de tallar, y la cola
amenazaba con romperse
con solo tocarla. Además,
no cabía en el trozo de
madera.

Ahora las
patas y la cola
están más pe-
gadas al cuer-
po. La forma
en su conjunto
es más com-
pacta, aunque
todavía no cabe
toda la cola.

Para disponer
de más espacio
para la ardilla,
Suvi eligió otro
trozo de made-
ra bifurcada.
¡Ahora ya cabe
todo!

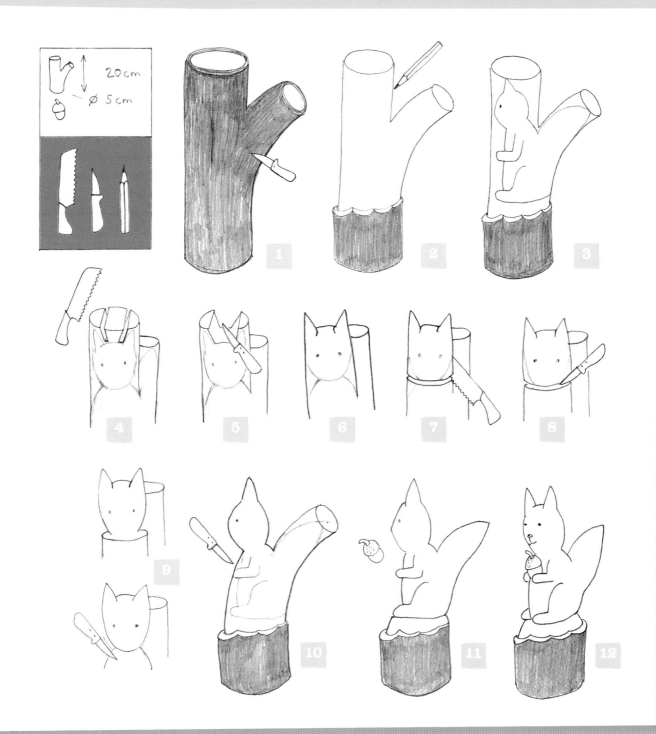

CANOA

Vídeo 9

MATERIAL
• Una rama de tilo de unos 3 cm de diámetro y 15 cm de longitud
• Un recipiente con agua

HERRAMIENTAS
• Cuchillo de tallar
• Lápiz

Si quieres que la canoa tenga un asiento, deja un estrecho puentecillo al vaciar el casco.

Lo primero que necesitarás para tallar una canoa es un recipiente lleno de agua. Mete el trozo de rama ya pelado en el agua y observa cómo flota. A continuación, marca a lápiz la línea de flotación, trazando el límite hasta el que la rama queda sumergida. En el vídeo puedes comprobar cómo debes trazar esta línea.

Talla los extremos de la canoa en punta y abre un hueco en la cara superior, empezando por el centro y avanzando hacia los lados. Ten mucho cuidado e intenta que las virutas sean finas y cortas. Comprueba de vez en cuando cómo flota la canoa.

Bruno, 15 años; Luisa, 12 años

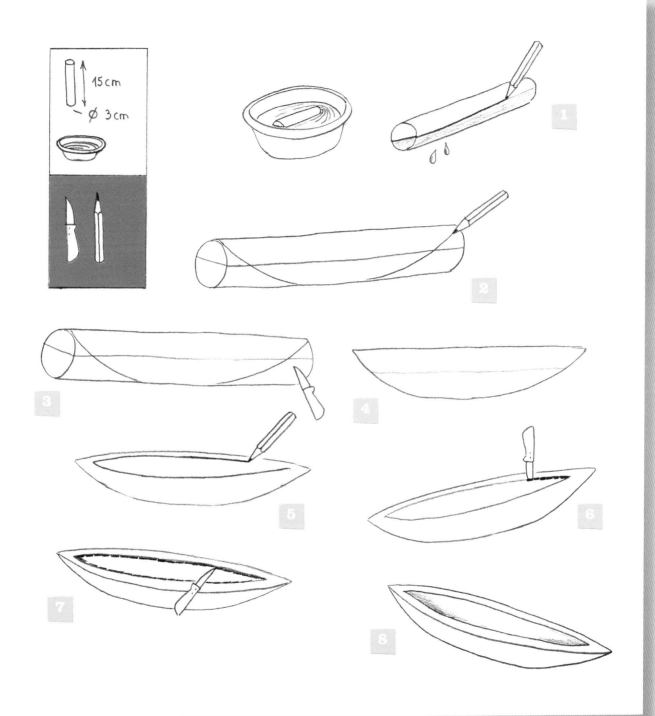

TALLAR UNA FIGURA

Puedes consultar todo lo que debes saber para tallar figuras en las páginas siguientes. Da igual si se trata de un vaquero, un muñeco de nieve, un rey, una pirata o una princesa. Con esta técnica aprenderás a tallar cualquier tipo de figura.

MATERIAL
• Una rama de tilo de 3-8 cm de diámetro y 12-15 cm de longitud (o un listón de la misma longitud)

HERRAMIENTAS
• Cuchillo de tallar
• Sierra japonesa
• Lápiz
• Tornillo de banco (si es posible)

Vídeo 4

1. Dibuja a lápiz la figura que quieras tallar sobre la madera ya pelada, teniendo cuidado con las líneas que rodean la figura.

2. Primero, redondea la cabeza. Ya has aprendido a hacerlo en la página 14, donde también encontrarás la referencia a la explicación en vídeo.

3. Con la sierra, haz un corte perpendicular a las fibras de unos 2-4 mm de profundidad alrededor del cuello.

4. Este corte de sierra te servirá de marca y de tope cuando talles con el cuchillo, así no habrá peligro de que pierdas el control del corte y te hagas daño. En este vídeo puedes ver cómo debes hacerlo.

5. Los hombros aparecen al tallar la parte opuesta; el sentido del corte es hacia la barbilla. En este caso, el corte de la sierra funciona como tope para el cuchillo.

6. A continuación, corta la cuña que queda entre las piernas sin pasarte, pues de lo contrario las plantas de los pies de la figura quedarán demasiado estrechas y no se tendrá en pie.

7. Ahora corta unos 2 mm de profundidad con la sierra a la altura de los codos, y haz otro corte a la altura de los pies, en este caso de 5 mm. Con estos cortes de sierra perpendiculares a las fibras marcarás unos bordes que servirán de tope para trabajar de forma segura con el cuchillo.

Este corte de sierra es algo más difícil. Si no puedes fijar la pieza en un tornillo de banco, pide a un adulto que te ayude o que te ponga guantes de seguridad antes de realizarlo.

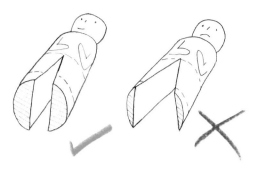

1 Empieza por los pies. Intenta que no queden demasiado pequeños si quieres que la figura pueda mantenerse de pie. Los bordes que se forman con este corte de sierra entre las piernas tendrás que definirlos con el cuchillo, para marcar así el dobladillo de los pantalones.

6 Para definir los brazos y las manos, fija la pieza en un tornillo de banco o colócala sobre una base estable como has aprendido a hacer en la página 15. Allí encontrarás fotografías y un vídeo sobre este paso.

7 Si quieres, colorea la figura con lápices o rotuladores, ¡y ponle un nombre!

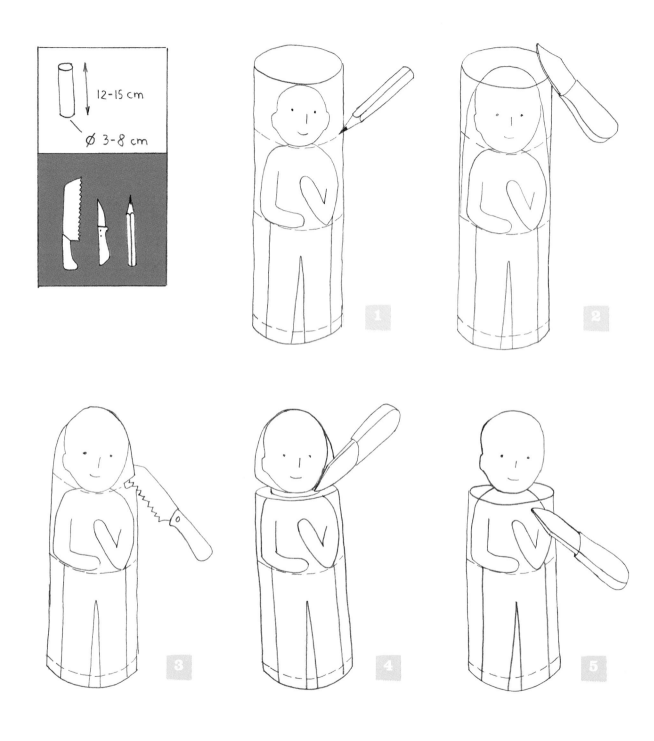

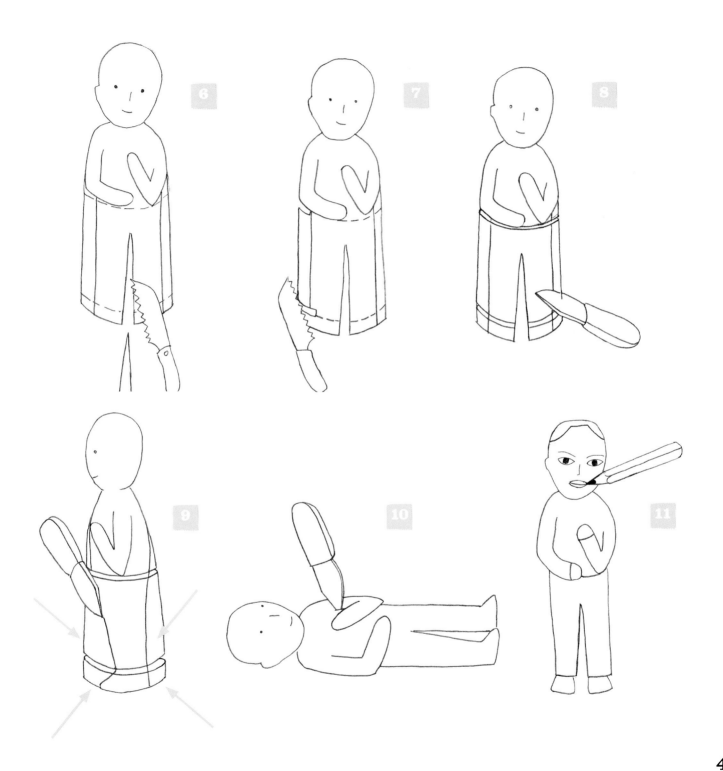

Aquí puedes ver cómo le ha quedado la figura a Tanne:

1 En este primer boceto, Tanne quiso tallar una niña con los brazos abiertos y el pelo ondeando al viento.

2 El marco alrededor de la figura deja claro el tamaño que debería tener la pieza de madera. La superficie rayada indica todo lo que debería eliminarse. El pelo y los brazos serían muy difíciles de tallar y se romperían fácilmente.

3 Un nuevo boceto. Ahora los brazos están más pagados al cuerpo y el pelo ha desaparecido. La forma es más compacta y la pieza de madera necesaria más pequeña, por lo que hace falta eliminar menos material.

4 El dibujo del proyecto transferido a la rama que se usó para la talla.

5 La figura terminada. Al final acabó definiendo el pelo y los brazos con colores.

Y así es cómo quedó el conejo de Heike:

Vídeo 12

Dibujo del proyecto   Los cortes con la sierra   La figura terminada

¿Todavía no te animas a tallar una figura? ¡Tienes que ver este vídeo! Verás cómo se utiliza el cuchillo de tallar.

Comprueba cómo se planifican los cortes de sierra. No importa si se trata de una chica...

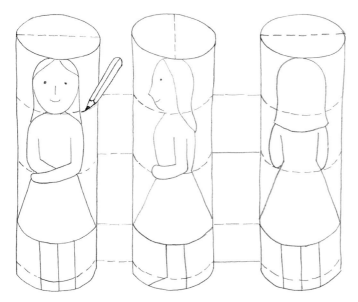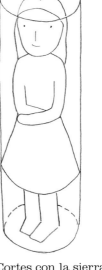

Trazado de la figura y de las líneas circundantes

Cortes con la sierra

... o de una reina.

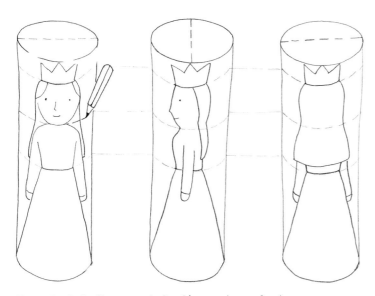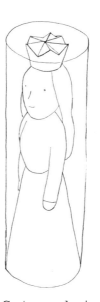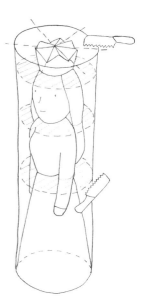

Trazado de la figura y de las líneas circundantes

Cortes con la sierra

45

CONSEJOS PRÁCTICOS

Muchos niños se sorprenden cuando se dan cuenta de la diferencia que existe entre una superficie y un sólido. De repente descubren que su figura tiene superficies laterales, una parte trasera y una tercera superficie, la de las plantas de los pies, que le permite tenerse en pie. Aunque nada de esto se ve en el dibujo, hay que tenerlo en cuenta mientras se talla una figura, por lo que es necesario un poco de planificación.

• La mejor manera de aprender a tallar es tallando. Con el tiempo, el manejo del cuchillo se volverá cada vez más natural. Es algo parecido a cuando, por ejemplo, aprendemos a pelar patatas.

• Tallar requiere concentración. Los cuchillos afilados que se utilizan cortan mucho y, por tanto, son herramientas que hay que tomarse en serio. Esto obliga a que los niños piensen en lo que hacen y en cómo deben comportarse.

• Si aprenden a tallar en grupo, pueden empezar con ocho años, más o menos. Por debajo de esa edad, es mejor que alguien supervise lo que hacen en todo momento.

• Tallar requiere fuerza en los dedos, por lo que ni el cuchillo ni la pieza de madera deben ser demasiado grandes, sino de un tamaño adecuado para las manos de los niños.

• A los niños pequeños les fascina pelar ramas. Si les resulta demasiado difícil, un adulto puede cortarles un poco la corteza antes de empezar para facilitarles eliminarla con los dedos. Si disfrutan dibujando caras y pintando ropa de colores en las piezas talladas a partir de las ramas, ¡enseguida harán figuras!

• Si son niños muy pequeños, en lugar de tallar pueden utilizar una escofina para pelar los palos y darles forma. Si además se ponen guantes de trabajo, se reduce mucho la posibilidad de que se corten.

• Supervisar a más de seis niños tallando es difícil. En los grupos de más de seis es preferible que utilicen escofinas, pues todos los pasos de trabajo que hemos descrito hasta ahora también pueden hacerse con escofinas.

• Los niños deberían sentarse formando un semicírculo alrededor del supervisor para que este pueda controlar en todo momento su manejo del cuchillo.

• Tallar es una actividad tranquila y que exige concentración. Si los niños fruncen mucho el ceño o les tiemblan las manos por el esfuerzo, seguramente están intentando sacar una viruta demasiado gruesa y corren peligro de cortarse en cualquier momento. Si es así, es preferible interrumpir la actividad. En cualquier caso, hay que tener siempre el botiquín a mano.

• Para una figura de unos 15 cm de altura y 4 cm de diámetro hay que contar con unas dos horas de trabajo.

• Para afilar los cuchillos de seis niños será necesaria aproximadamente una hora. Para ello utilizaremos una piedra belga* o una piedra de Arkansas.*

• La madera es un material ecológico, biodegradable y no tóxico. Los residuos generados pueden eliminarse sin dejar rastro.

• Tallar es algo que puede hacerse en cualquier parte, incluso al aire libre.

CONSTRUIR

Benjamin, 9 años

MATERIAL

Nunca entres en una zona en obras sin permiso y sin que nadie te acompañe. Puesto que la mayoría de la madera utilizada en la construcción está aserrada,* es conveniente que lleves guantes de trabajo para recogerla y manipularla sin que se te claven astillas. Puedes quitar los restos de cemento con una espátula o un cepillo de cerdas duras y agua.

Protégete los ojos de las salpicaduras con unas gafas de protección. Si después lijas la madera, obtendrás un material reciclado muy útil para tus proyectos.

Por lo general, cualquier tipo de madera sirve. Sin embargo, algunas maderas duras* —como la de haya, roble o robinia— resultan más difíciles de taladrar, serrar, atornillar o clavar. Las de tilo, pino o abeto se trabajan más fácilmente, aunque sean menos robustas y resistan peor a la intemperie. También puedes comprar listones, tablas, vigas, tablones y planchas de contrachapado de diferentes tamaños en las tiendas de bricolaje o de materiales de construcción. En cualquier caso, la madera aserrada es más barata que la cepillada.

Y es aún más barata para quien tenga los ojos bien abiertos, porque la gente tira madera a la basura continuamente. Basta con fijarse un poco para encontrar fondos de cajón o traseras de armarios en los lugares donde se dejan los trastos viejos. Incluso pueden reciclarse somieres con láminas de pino o abeto. En cualquier caso, hay que evitar recoger madera lacada, debido a la gruesa capa de barniz y pintura de recubrimiento. También hay que tener cuidado con las patas de sillas o mesas, pues suelen ser de haya y costará mucho trabajarlas.

En todas las grandes obras hay un contenedor de madera de desecho. Quizá valga la pena preguntar si puedes echarle un vistazo para ver si hay algún material que sirva para tus proyectos. La madera utilizada en la construcción suele ser de pino o de abeto y, por tanto, es bastante blanda. Además, suele estar bien curada y no se astilla tan fácilmente como la recién cortada.

51

PROYECTO

Si prefieres desarrollar proyectos con madera basados en tus propias ideas, puede que ya sepas exactamente lo que quieres o bien que necesites primero buscar una idea.

En ese caso, puedes inspirarte en el material que tengas a mano: extiéndelo y obsérvalo con calma, seguro que alguna pieza te llama la atención o te recuerda a algo. Cógela y juega con ella un rato. ¿Qué puede salir de esta pieza? ¿Un gato, una casa, un avión, un coche? ¡Así es como aparecen las ideas! También puedes compartir este juego con otros niños; os sorprenderá la cantidad de cosas que pueden salir de un simple trozo de madera.

Si ya tienes una idea —hacer un barco, por ejemplo—, intenta pensar primero en su carácter, en la forma que quieres darle, y qué características tendrá. La mejor manera de hacerlo es dibujando. El dibujo te servirá para elegir el trozo de madera que se adapta mejor a tu proyecto.

No siempre tendrás a mano el trozo de madera perfecto, o tal vez no lo encuentres a simple vista. En ocasiones tendrás que recurrir al ingenio y necesitarás, por ejemplo, pegar con cola varios tablones a una tabla o a un taco grueso.

Otras veces tendrás que cambiar tu proyecto para adaptarlo al material que tienes a mano. Con el tiempo y la experiencia detectarás a primera vista el material más idóneo para cada proyecto.

Tomislav, 12 años

SERRAR

En todos los proyectos que aparecen en este libro se han utilizado las sierras siguientes:

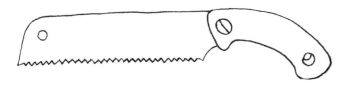

SIERRA JAPONESA

El nombre ya lo dice todo: una herramienta que sirve para serrar y que procede de Japón. Lo importante de estas sierras es que tiras de ellas, lo que impide que la hoja pueda doblarse por un exceso de fuerza, como ocurre con las sierras convencionales. La hoja de la sierra puede ser muy delgada, y el corte es mucho más preciso que con las sierras convencionales. Además, su uso requiere menos fuerza. Hay varios tipos de sierra japonesa según la forma de la hoja.

Para todos los proyectos que aparecen en el libro hemos utilizado una minisierra japonesa Kataba,* más pequeña que las convencionales y, por tanto, más apta para niños. Se maneja bien con una mano, la hoja permanece afilada mucho tiempo y permite ejecutar cortes limpios y precisos. Bien utilizada, requiere muy poca fuerza.

Serrar tirando de ella

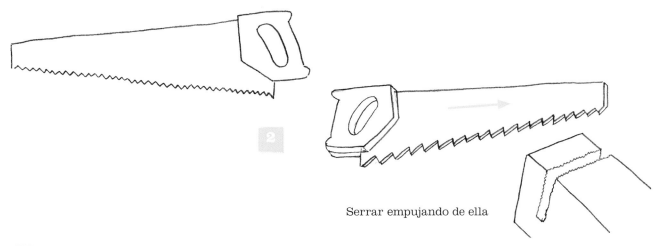

Serrar empujando de ella

SERRUCHO

Con el serrucho puedes cortar vigas, ramas gruesas, madera a la deriva recuperada y maderas para
la construcción. El serrucho sierra al empujarlo,
cortando al alejarse del cuerpo. Para que la hoja
no se doble, debe permanecer en una posición muy
estable, lo que se consigue gracias a su grosor.
Por tanto, la hoja del serrucho es mucho más gruesa que la de una sierra japonesa. Requiere aplicar
más fuerza y el corte resultante es más grueso
y basto. Es una sierra muy robusta.

La mayoría de serruchos modernos tienen un
mango muy práctico que oculta otra herramienta:
una escuadra. Si lo agarras en la posición correcta, puedes trazar un ángulo de 90° o 45° respecto
a los bordes del tablero.

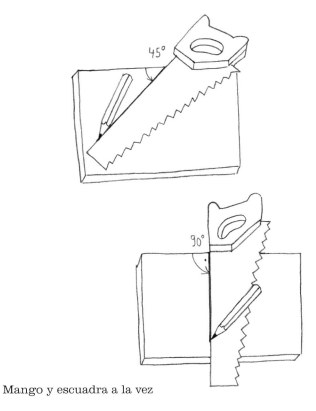

Mango y escuadra a la vez

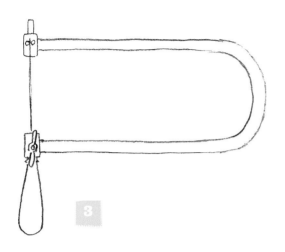

3 ### SIERRA DE MARQUETERÍA

De origen italiano, se utilizaba sobre todo para la taracea, una técnica de revestimiento que consiste en unir materiales diversos hasta conseguir un encaje perfecto. Es apropiada para cortar piezas de contrachapado fino que no sean rectas o que no tengan salida hasta el borde. El contrachapado no debería superar los 3 mm de grosor, de lo contrario costará demasiado cortarlo con esta sierra.

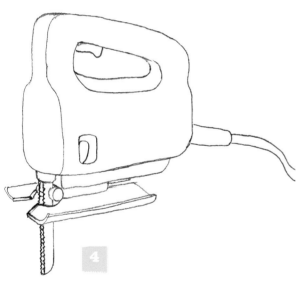

4 ### CALADORA ELÉCTRICA

Con ella pueden serrarse sin esfuerzo tablones gruesos y grandes planchas. Este tipo de sierra es el más adecuado para cortes no rectos, redondeados o que no tengan salida hasta el borde. Las caladoras eléctricas disponen de una gran variedad de hojas intercambiables según las características y el grosor del material que haya que cortar.

Esta sierra solo debe utilizarse bajo la supervisión de un adulto.

5 ### SIERRA DE CALAR MANUAL

Esta sierra es útil para los cortes dentro de planchas grandes, formas sin salida hasta el borde y redondeos estrechos.

TÉCNICA

Antes de empezar a serrar, dibuja la línea por la que deseas cortar para que puedas verla fácilmente. Fija la pieza al banco de trabajo con un sargento o en el tornillo de banco para que no se mueva, pero intenta no presionar demasiado la pieza para que la hoja no se atasque.

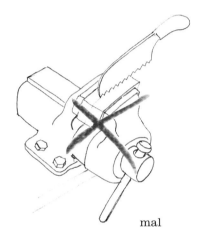

mal

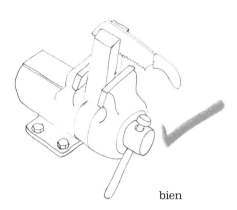

bien

En el caso de tablones largos o ramas gruesas, apóyalos en el suelo para serrarlos. Te costará menos si pones un taco de madera debajo, pues el corte se abrirá un poco y evitarás que se atasque la sierra.

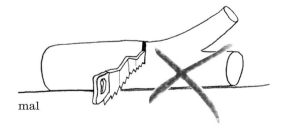

mal

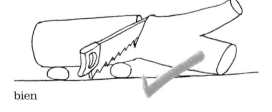

bien

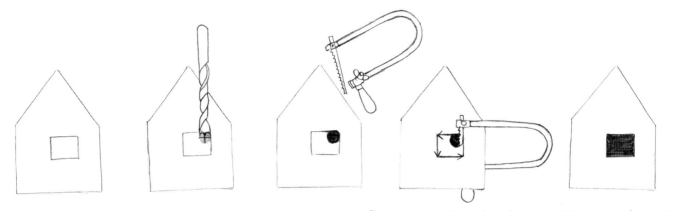

Serrar un contorno interior sin salida a ningún borde

CÓMO SERRAR

• Colócate directamente detrás de la sierra, para ver la hoja directamente desde arriba.
• Sierra con movimientos regulares cuidando que no se doble la hoja.
• En el caso de grandes cortes transversales, empieza primero el corte por el contorno sin profundizar mucho. Este corte superficial servirá de guía para ahondar el corte con la sierra.

• Si la sierra traquetea,* deberás cambiar el ángulo que forma la sierra con la pieza.
• Para serrar formas interiores sin salida a ningún borde, como, por ejemplo, una ventana, perfora primero la pieza. Luego podrás introducir la hoja de la sierra de marquetería o el serrucho de calar por el orificio.

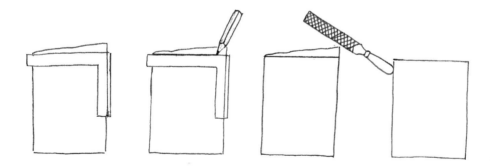

Rectificación de un corte torcido

¿TE HAS TORCIDO AL CORTAR? ¿Y AHORA QUÉ?

Comprueba si has seguido todos los consejos sobre cómo serrar. ¿Aún te queda material?
Entonces vuelve a empezar. Si no te queda suficiente, vuelve a dibujar el canto con una escuadra
y corrige el corte torcido con una lima, una escofina o papel de lija.

PROYECTO

Para cortar con sierra, primero debes transferir
el dibujo a la pieza, y a menudo surgen varias
posibilidades. Intenta que tu diseño tenga la
menor cantidad de cortes de sierra posible,
pues cada uno de ellos aumenta la acumulación
de imperfecciones. Dicho de otro modo: en las
superficies que requieran precisión, es mejor
plantear los cortes de modo que aprovechen al
máximo los cantos rectos de la tabla (o del listón). En el caso del cofre del tesoro de la página
128 se puede apreciar con claridad este principio básico.

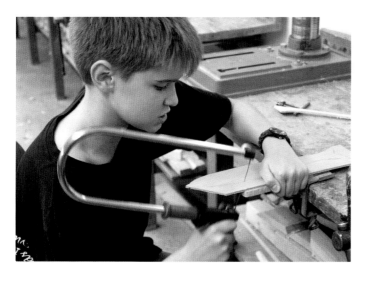

ÁRBOL DE NAVIDAD

MATERIAL
• Un tablero contrachapado de 3-5 mm de grosor (el tamaño dependerá de lo grande que quieras que sea el árbol)

HERRAMIENTAS
• Sierra de marquetería (si el tablero es de 3 mm de grosor)
• Sierra japonesa
• Caladora eléctrica (si el tablero es de 5 mm o más de grosor)
• Banco de trabajo y sargentos
• Papel de lija
• Lápiz
• Regla

¡Un árbol de Navidad sin clavos, desmontable y reutilizable! Aquí puedes poner en práctica todo lo que has leído sobre cómo serrar correctamente. El árbol tiene dos partes aserradas que encajan entre sí. Elige el grosor del material y la sierra correspondiente según el tamaño de tu árbol.

Dibuja la primera parte del árbol y córtala con la sierra. Puedes utilizar esta parte como plantilla para la segunda pieza. Sierra una ranura en el centro de cada una de las partes del árbol de modo que coincida con el grueso de la plancha utilizado. La ranura de una de las piezas tiene que extenderse desde la parte inferior hasta la mitad de la altura; en la otra desde la parte superior hasta la mitad de la altura. Elimina con papel de lija las astillas que puedan haber quedado en la ranura. Para terminar, une las dos piezas encajándolas por las dos ranuras, ¡y ya tienes tu árbol de Navidad!

Heike, 10 años

Si quieres poner velas en el árbol, puedes cortar ranuras en los portavelas de manera que encajen en las ramas.

Si perforas las planchas, podrás decorar el árbol con bolas de Navidad.

TIBURÓN

MATERIAL
- Tablero contrachapado,
- más o menos de tamaño
- DIN A4, de 3 mm de grosor
(mejor si el contrachapado
- es hidrófugo)

HERRAMIENTAS
- Sierra de marquetería
- Banco de trabajo
- Papel de lija
- Lápiz
- Papel DIN A4
- Tijeras

Este tiburón flota, y no solo en la bañera. Igual que el árbol de Navidad de la página 61, consta de dos piezas aserradas encajadas entre sí.

Construye primero un modelo con papel: dibuja las dos piezas del tiburón en una hoja DIN A4. Recorta ambas partes y luego córtalas por el medio, una desde el hocico hasta el centro, y la otra desde la punta de la cola hasta el centro. Ahora encaja las dos piezas. ¿Te gusta cómo queda? Entonces utiliza los papeles como plantillas para dibujar sobre el tablero de contrachapado. ¿No te gusta cómo queda? Pues cambia la forma del tiburón hasta que te guste (la fotografía y los dibujos son dos posibilidades).

Finalmente, corta las dos piezas de madera con la sierra de marquetería. Como hiciste con el papel, sierra también las ranuras de las dos piezas y recuerda que su anchura tiene que coincidir con el grosor del tablero. Elimina con papel de lija las astillas que queden en la ranura y encaja las dos piezas entre sí.

Tu tiburón flotará mejor si utilizas tablero contrachapado hidrófugo.*

Jan, 12 años

Propuesta del aspecto que podría tener tu tiburón:

CASITA PARA HÁMSTERES

MATERIAL
• Una cáscara de coco partida por la mitad

HERRAMIENTAS
• Sierra japonesa
• Sierra de marquetería
• Si es posible, un trozo de cuero y cola de carpintero

¿No tendrás por casualidad medio coco a mano? ¿Y no necesitarán tus hámsteres una casita desde hace tiempo? ¡Genial! Entonces haz dos cortes rectos más o menos paralelos con la sierra japonesa para abrir la puerta y, con la de marquetería, sierra el arco superior.

¿Quieres añadir una bisagra? Pues coloca la puerta junto al hueco por uno de los lados y pégale una tira de cuero.

Para dividir una cáscara de coco por la mitad, utiliza la sierra japonesa, pero antes hazle dos agujeros para sacar la leche de coco. No te olvides de secar bien la sierra japonesa.

Paula, 11 años

UN SALÓN PARA GNOMOS

MATERIAL
• Para la mesa: una rama de tilo de unos 10 cm de diámetro y 7 cm de longitud
• Para las sillas: una rama de tilo de unos 3 cm de diámetro y 21 cm de longitud (suficiente para tres sillas)
• Para la vajilla: una rama de tilo de unos 2 cm de diámetro y 5 cm de largo
• Para los vasos: una rama de tilo de 1 cm de diámetro y 6 cm de longitud

HERRAMIENTAS
• Sierra japonesa
• Tornillo de banco
• Papel de lija
• Lápiz

¡Un proyecto para verdaderos profesionales! Todo se hace serrando: la tapa de la olla, los vasos, la sartén, la mesa, las sillas y el sillón. Para empezar, pela la madera solo parcialmente, de modo que los muebles parezcan rústicos y se adecuen mejor a la casa de los gnomos.

Empieza por la mesa. Con las piezas que resulten de los cortes puedes crear la tapicería y el respaldo del sillón, así como la mesita de café. Con las piezas que sobran de las sillas pueden hacerse los reposabrazos del sillón. Los platos se obtienen rebanando finas lonchas de una rama con la sierra. Para la olla, la sartén y los vasos, las rebanadas solo tienen que ser un poco más gruesas. Ahora solo tienes que poner la mesa y ya podrás invitar a los nuevos inquilinos...

Arie, 11 años

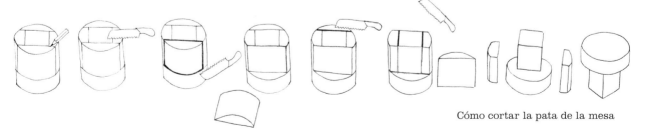

Cómo cortar la pata de la mesa

PERFORAR

HERRAMIENTAS

Para perforar necesitas una broca. La broca, a su vez, gira gracias a un taladro, y los hay de muchos tipos. Aquí puedes ver los taladros que se han utilizado en los proyectos de este libro.

TALADRO DE MANIVELA

Este taladro mecánico funciona sin corriente, y se conoce desde la Edad Media. Funciona dando vueltas a una manivela que transmite la fuerza a la broca mediante un engranaje dentado.
La velocidad y la dirección del taladro dependen de cómo se utilice: ¿rápido o despacio, hacia delante o hacia atrás? Todo depende del número de revoluciones y del sentido de giro. Un taladro manual admite brocas de hasta 9 mm de diámetro.

BERBIQUÍ

Es una herramienta manual que funciona sin corriente, y se conoce desde la Edad Media. La perforación depende de la presión ejercida sobre el pomo superior mientras se gira la manija en sentido de las agujas del reloj. El sentido de giro y el número de revoluciones depende de las vueltas que se den a la manivela.

TALADRO ELÉCTRICO

Funciona con electricidad, por lo necesitamos de un enchufe. El número de revoluciones suele ser regulable y el sentido de giro puede invertirse.

DESTORNILLADOR ELÉCTRICO

También puede utilizarse para perforar. Es más ligero y silencioso que un taladro eléctrico convencional, por lo que resulta más adecuado para los niños. Además, no tiene por qué estar siempre conectado a un enchufe. Lo principal es asegurarse de que la batería está cargada antes de empezar a trabajar. Con un destornillador eléctrico pueden hacerse agujeros de hasta 12 mm de diámetro.

TALADRADORA DE PIE

La taladradora de pie es una perforadora fijada a un banco de trabajo que funciona con corriente. Con la taladradora de pie se pueden hacer agujeros de más de 12 mm, aunque también es adecuada para practicar orificios perfectamente verticales. Esto es especialmente importante, por ejemplo, cuando se perfora el alojamiento* para el eje en las ruedas de un vehículo.

LLAVE DEL PORTABROCAS

Para la mayoría de taladros eléctricos necesitarás una llave de portabrocas que sirve para estrechar el mandril, de modo que la broca quede bien fijada y no se caiga.

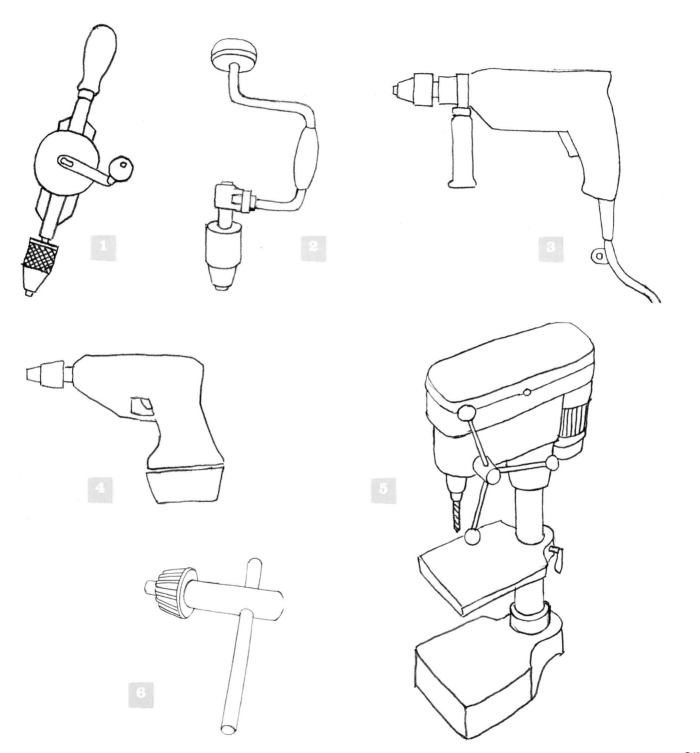

67

Tipos de broca más importantes.

BROCA DE MANO

También llamada 'barrena', es la única broca para la que no es necesario ningún taladro, y simplemente se enrosca a mano en la madera. Con ella puedes hacer agujeros pequeños para meter luego clavos o tornillos.

BROCA PARA MADERA

Se reconocen por su característica punta afilada en el centro, que evita que patine y se mueva al perforar, algo importante en el caso de maderas duras, como la de haya, roble o robinia. Además, este tipo de broca tiene precorte; es decir, dos cantos afilados que permiten perforar con precisión sin astillar la madera. En este libro hemos utilizado brocas de 3, 5, 6, 8, 10 y 12 mm.

BROCA PARA METAL

No tienen punta central ni filos de precorte. También pueden utilizarse para madera, aunque pueden patinar o astillar determinados tipos de madera.

BROCA PLANA O BROCA DE PALETA

Son adecuadas para los orificios grandes (8-38 mm) y tienen una punta que sobresale a modo de guía que permite ubicar el agujero con mayor precisión y seguridad. Gracias a esta punta, también sirven para perforar oblicuamente a la superficie de trabajo. Estas brocas son una alternativa barata a las Forstner.

BROCA FORSTNER

Con ellas se pueden hacer agujeros de entre 10 y 50 mm de diámetro. Son brocas de gran calidad, y suelen ser más caras. Con ellas se perfora de forma limpia y precisa y se obtiene un fondo liso. Estas brocas se utilizan principalmente en taladradoras de pie.

BROCA DE CORONA

Apta para agujeros de mayor tamaño, consta de una base redonda con varias ranuras en las que pueden encajarse diferentes hojas circulares de sierra, dependiendo del diámetro del agujero que se desea abrir. Las hojas de broca de corona solo pueden comprarse en juegos de varios diámetros, de entre 25 y 89 mm. En el centro de la base redonda está la broca de centrado que sirve de eje. Es preferible utilizar estas brocas con una taladradora de pie, aunque también hay que tener en cuenta que requieren trabajar a menos revoluciones, ya que la corona gira a mayor velocidad que la broca central. Si el número de revoluciones por minuto de la corona es excesivo, puede que chirríe o que se queme la madera durante la perforación. Con una broca de corona pueden conseguirse unas ruedas perfectas con el orificio para el eje perfectamente centrado.

FRESA AVELLANADORA

Con ella puede rebajarse una madera de forma cónica para poder enrasar, por ejemplo, la cabeza de un tornillo para madera.

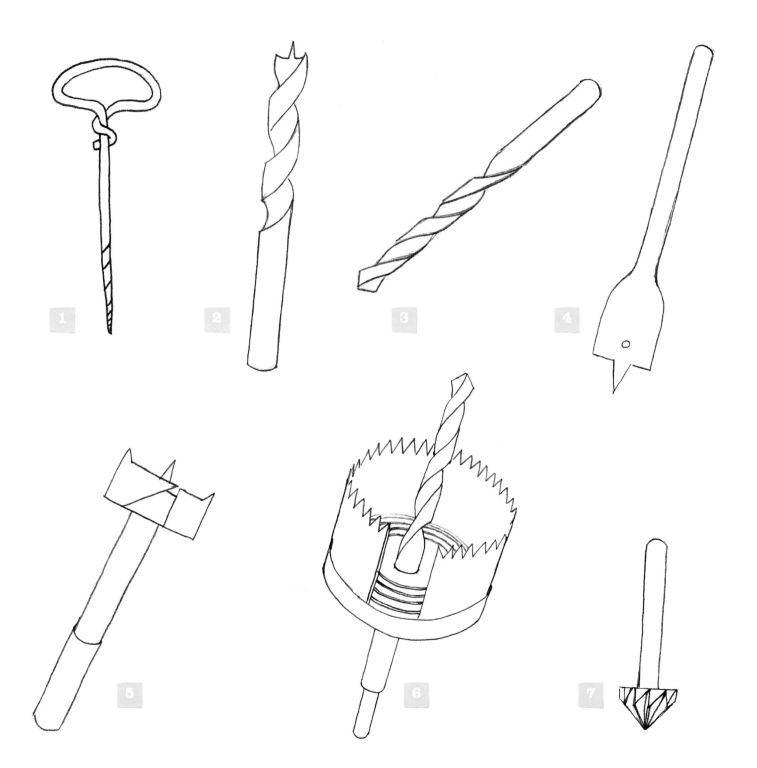

Mientras esté girando la broca, ten cuidado con el pelo y la ropa, y con las pulseras y collares, si los llevas. Si llevas el pelo largo, recógetelo antes de empezar a perforar.

• Antes de empezar a taladrar, marca la posición exacta del orificio de modo que lo veas con claridad.

• Sujeta la pieza de madera en el tornillo de banco o fíjala con sargentos al banco de trabajo. Si colocas un trozo de madera sobrante debajo, evitarás perforar el banco de trabajo y que se astille la parte trasera de tu pieza.

• Si utilizas la taladradora de pie, sujeta la pieza con el tornillo incorporado.

• Perfora con calma y de forma regular.

• Deja de presionar poco antes de que la broca sobresalga por la parte trasera. De este modo evitarás que se astille el agujero.

¿TE HAS EQUIVOCADO AL PERFORAR?

• Un agujero hecho por error puede volver a cerrarse tapándolo con un taco de madera.

• Los agujeros más pequeños también pueden taparse con masilla para madera.*

• Un agujero astillado puede limarse, lijarse o ser reparado con masilla para madera.

• Un agujero demasiado pequeño puede agrandarse con una escofina o una lima redonda, y después pulirse con papel de lija.

Si no tienes a mano una broca grande, puedes formar un círculo del diámetro deseado haciendo varios agujeros pequeños. Para terminar, redondea el agujero con la escofina o la lima redondas y después líjalo.

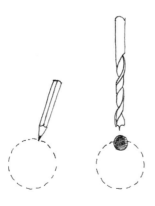

A partir de varios agujeros puede obtenerse uno más grande.

PROYECTO

Al hacer un agujero, intenta que no quede demasiado próximo al borde de la pieza, pues acabaría rompiéndose; y lo mismo con los agujeros que estén muy próximos entre sí.

Cuesta más hacer un agujero en la testa de la madera que en una superficie, pues se va contra las fibras de la madera. Esto lo notarás sobre todo cuando el agujero sea profundo, como el que haces para insertar un eje, por ejemplo.

¿UNA PLACA CON UN NOMBRE O UN NÚMERO DE CASA?

MATERIAL
• Un trozo de tabla
o un resto de tablero

HERRAMIENTAS
• Taladro
• Brocas o fresas
• Lápiz

Taladrar es divertido, y practicar es la mejor forma de aprender a hacerlo bien. Para hacer un rótulo con un nombre, prueba lo siguiente:
Escribe tu nombre a lápiz y traza las mismas líneas con agujeros poco profundos, uno tras otro.

También puedes perforar los espacios intermedios, como en el ejemplo del número de casa, en el que los agujeros definen la superficie que rodea al número.

Jan, 11 años

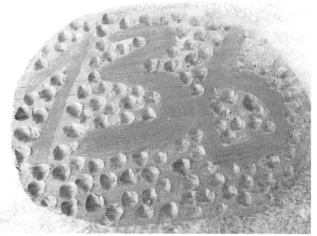

Tobias, 11 años

CUATRO EN RAYA

MATERIAL
- Un tablero de contrachapado o una tabla de madera
- Canicas (o piedrecitas, semillas o conchas)

HERRAMIENTAS
- Perforadora
- Brocas o fresas
- Lápiz
- Regla

Las reglas del cuatro en raya son sencillas: intentar formar una línea con cuatro piezas consecutivas, ya sea en vertical, en horizontal o en diagonal, y al mismo tiempo evitar que tu contrincante lo consiga antes que tú. Para poder jugar, perfora al menos cinco filas de seis agujeros cada una.
También hay variantes con más agujeros... ¡Atrévete a crear alguna!

Construir el juego es tan sencillo como seguir sus reglas: utiliza el lápiz y la regla para marcar la cantidad deseada de orificios en la tabla y haz agujeros poco profundos con una fresa.

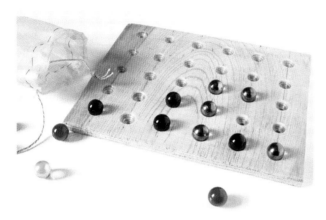

Jan, 12 años

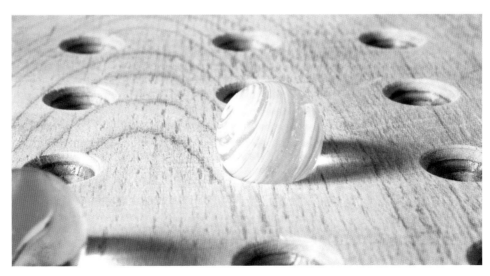

RASPAR, LIMAR, LIJAR

HERRAMIENTAS

ESCOFINA

Los dientes de una escofina son muescas grabadas en fábrica, y su cantidad determina su grado de aspereza; a menor número de dientes, más material rebaja con cada golpe, y cuantos más dientes tenga, más fino será el resultado. Las escofinas tienen los dientes mucho más grandes y rebajan mucho más material que las limas, que suelen utilizarse para pulir más que para dar forma.

Los dientes de la escofina dejan surcos en la madera que luego pueden limarse. En las escofinas tradicionales, los dientes están dispuestos de modo que la herramienta actúa al empujar; es decir, cuando el movimiento la aleja del cuerpo.

Hay escofinas de secciones distintas, y en los proyectos que aparecen en este libro hemos utilizado:

1 escofina redonda,

2 escofina plana y

3 escofina de media caña.

LIMA

La lima tiene unos surcos delgados que se ven a simple vista en la superficie de la herramienta, y su número determina la finura de la lima: a mayor número de surcos, más fina es la lima. Las limas rebajan menos que las escofinas y dejan la superficie más lisa. Al contrario que con las escofinas, con las limas también podemos limar metales. También hay varios tipos según la sección y para los proyectos de este libro hemos utilizado:

4 lima plana,

5 lima de media caña y

6 lima redonda.

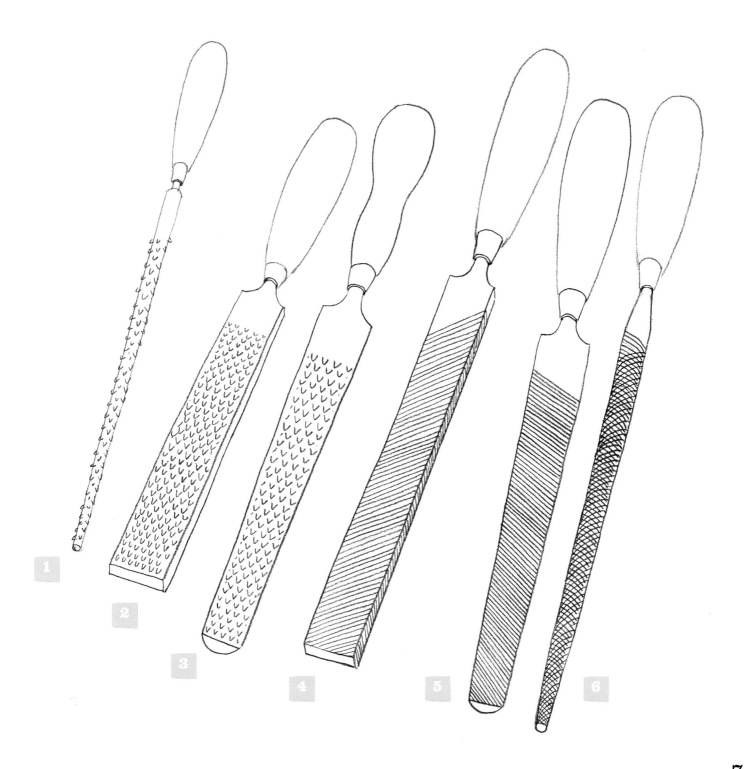

1

2

3

4

5

6

75

 PAPEL DE LIJA

El papel de lija se utiliza para el pulido final de la madera. Hay papeles de lija con diferentes asperezas, del grano grueso al fino. El gramaje del papel de lija se aprecia a simple vista, aunque también puedes notarlo pasando los dedos por encima.

En la cara trasera del papel de lija encontrarás el número que indica el gramaje: cuanto más elevado sea el número, más fino será el papel y el resultado que obtendrás:
- muy grueso: de 50 a 60
- grueso: de 80 a 100
- medio: de 120 a 180
- fino: de 220 a 280
- muy fino: de 320 a 600

Para los proyectos de este libro, necesitarás sobre todo papel de lija de grano grueso y fino.

 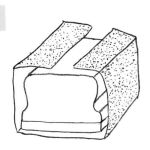

 TACO DE LIJAR

Cuando aplicas el papel de lija con la mano, existe el riesgo de que alguna astilla perfore el papel y te lastimes. Por eso es preferible envolver un taco de madera con una cara plana con el papel de lija, de manera que el taco te permita agarrarlo con seguridad.

Los carpinteros profesionales a menudo utilizan tacos de corcho o de madera con una capa de fieltro pegada.

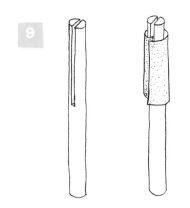

 LIJA REDONDA

Si le haces un simple corte longitudinal a un listón redondo,* puedes meter el papel de lija en la ranura para sujetarlo. De este modo tendrás una herramienta fantástica para lijar los orificios: una lija redonda.

TÉCNICA

RASPAR

• Marca a lápiz el punto hasta dónde quieres rebajar material, de manera que sea claramente visible.

• Sujeta bien la pieza en el tornillo de trabajo para que no se mueva mientras la raspas con la escofina.

• Para raspar la madera, sitúate frente al banco de trabajo con un pie adelantado, de modo que puedas acompañar el movimiento con todo el cuerpo.

• Intenta que los movimientos sean controlados y regulares. La escofina raspa cuando la alejas del cuerpo. Intenta aprovechar toda la longitud de la hoja.

• Si agarras el mango de la escofina con la mano derecha, utiliza los dedos de la izquierda para ejercer una presión adicional en la punta de la escofina (o al revés en el caso de los zurdos).

• Cuando tires de la escofina hacia ti para volver a empujarla, levántala un poco de la pieza.

• Ten cuidado cuando uses la escofina para raspar un canto de contrachapado o la parte de la testa de un trozo de madera maciza, pues pueden astillarse.

• Intenta no raspar el tornillo de banco con la escofina, pues deteriorarías la herramienta y mermaría su capacidad abrasiva en poco tiempo.

LIMAR

• Para limar, hay que hacer lo mismo que para raspar: la lima también se utiliza con las dos manos, una en el mango y la otra sobre la punta. Solo hay una diferencia: no es necesario levantarla de la pieza cuando la retires, como ocurre con la escofina.

LIJAR

• Para lijar una pieza, conviene sujetarla primero en el tornillo de banco o fijarla con sargentos al banco de trabajo.

• Envuelve un taco de madera con papel de lija para pulir la pieza y deslízalo en la dirección de las fibras.

• Si solo quieres lijar un poco una superficie, olvídate del taco de madera e intenta hacerlo presionando el papel de lija únicamente con las puntas de los dedos.

• Si el papel de lija está lleno de serrín, basta con darle unos golpes contra el banco de trabajo.

• Empieza con un papel de grano grueso y luego pasa a otro más fino para pulir los arañazos que haya dejado el primero.

• Cuando la superficie quede ya muy lisa, moja la madera con un paño húmedo para que se hinchen las fibras. Espera que se seque la madera y vuelve a lijarla un poco más con el papel más fino que tengas, así obtendrás una superficie increíblemente lisa.

PROYECTO

Raspando, limando o lijando puedes dar a la madera la forma que quieras. Al hacerlo se desprenden pequeños fragmentos de madera. Por eso se denomina "arranque de viruta" a esta manera de trabajar la madera, una técnica adecuada para suavizar cantos, irregularidades y zonas rugosas para después encolarlas o pintarlas.

Si quieres redondear una pieza por la parte de la testa, a menudo te costará menos rasparla que tallarla. ¡Pruébalo! Además, una forma raspada, limada y lijada quedará más suave que simplemente tallada. Esto también tienes que comprobarlo.

Patrich, 11 años

COCHE DE CARRERAS

MATERIAL
• Un trozo de listón de tejado de unos 15 cm de longitud
• Ejes y ruedas de un coche de juguete viejo

HERRAMIENTAS
• Escofinas, plana y redonda
• Lima
• Papel de lija
• Perforadora
• Brocas
• Tornillo de banco
• Lápiz

Este coche de carreras se construye en un abrir y cerrar de ojos. Dibuja a lápiz la forma de la carrocería sobre un trozo de listón de tejado. A continuación, dale la forma deseada con la ayuda de las escofinas y la lima. Para las ruedas, perfora la madera que sostiene los ejes, encaja las ruedas y… ¡ya está!

Patrich, 11 años

UN FORZUDO

MATERIAL
• Para el cuerpo: una rama de tilo de 3-5 cm de diámetro y unos 15 cm de longitud
• Para los brazos: dos trozos de rama de tilo de unos 2 cm de diámetro y 10 cm de longitud
• Listón de madera redondo de 3 mm de diámetro y 6 cm de longitud

HERRAMIENTAS
• Cuchillo de tallar
• Sierra japonesa
• Tornillo de banco
• Escofina redonda
• Lima redonda
• Escofina plana
• Lima de media caña
• Papel de lija
• Perforadora
• Brocas
• Lápiz

Este forzudo mueve los brazos para levantar pesas. La figura se obtiene principalmente raspando y limando las piezas de madera. El cuerpo y los brazos se trabajarán por separado.

Pela primero la corteza de las ramas y traza la figura. Como en el caso de la talla de una figura, haz un corte poco profundo con la sierra alrededor del cuello (véase la página 45). Las piernas se pueden definir también con unos cortes (véase la página 41). Ahora ya puedes empezar a raspar con la escofina. Para ello, fija la pieza al tornillo de banco. La forma de los brazos también se obtiene raspando y limando. Una vez terminadas las piezas, perfora con la broca el cuerpo y los brazos a la altura de los hombros. Inserta la varilla redonda y pégala con un poco de cola, pero solo en los brazos para que puedan girar.

Patrich, 11 años

ENCOLAR

HERRAMIENTAS

Para pegar piezas de madera necesitarás cola, una espátula para extenderla, sargentos y unos listones o tablas que servirán para evitar dejar marcas en las piezas.

 COLA

Utilizaremos cola de carpintero o cola blanca, un líquido viscoso de densidad variable que, a pesar de ser blanco, una vez seco se vuelve transparente. La mayoría de colas de carpintero que se utilizan hoy en día son plásticas. Se disuelven con agua, y las partículas plásticas fraguan cuando el agua se evapora o la madera las absorbe. La cola de carpintero solo es resistente al agua una vez fuera del envase, cuando se expone al aire. En los trabajos de encolado complicados, sea por falta de superficie de contacto o de tiempo, es mejor utilizar cola blanca rápida, que tarda menos en secarse, aunque a menudo no resiste tan bien el contacto con el agua (esta característica se especifica en el envase).

 ESPÁTULA

Para extender una capa fina y uniforme de cola blanca en una superficie necesitarás una espátula. Con la rafia de la corteza de la madera de tilo puedes improvisar una, o también puedes utilizar un trozo de cartón o de cartulina. Otra forma de aplicar la cola es con un pincel, pero tendrás que lavarlo enseguida con agua si quieres evitar que la cola seque y quede inservible.

 SARGENTO

Los sargentos son herramientas que sirven para mantener unidas dos piezas mediante una presión mecánica. También puedes utilizarlos para fijar la pieza al banco de trabajo.

 SARGENTO RÁPIDO

Los sargentos rápidos, o sargentos monomando, sirven para mantener unidas las piezas encoladas durante el secado. La abrazadera actúa accionando una palanca, por lo que es más fácil de enroscar el tornillo que con un sargento convencional. Además, también permiten liberar enseguida la presión. El recubrimiento de corcho de los extremos de las mordazas sirve para proteger las superficies de la pieza.

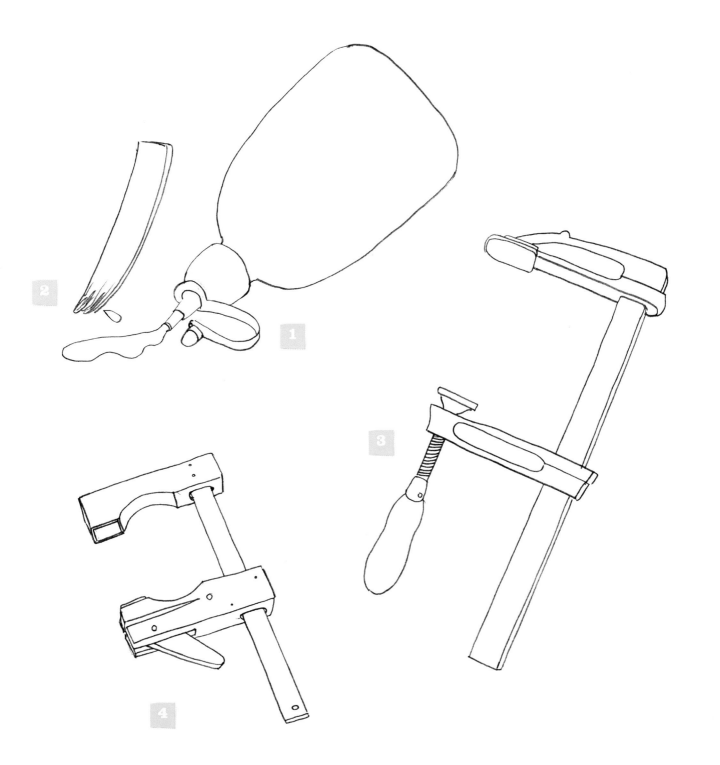

83

Siempre que sea posible, utiliza un banco de trabajo. Si lo recubres de papel, protegerás el banco de la cola que pueda derramarse o gotear. Elige el tipo de cola más adecuado para cada ocasión: para los proyectos de exteriores y los barcos, la cola resistente al agua será la más adecuada.

• Antes de pegar algo con cola, comprueba que la superficie de contacto esté seca y limpia de polvo y grasa; elimina cualquier resto de pintura o de cola seca para que el encolado sea más efectivo.
• ¿Las partes que vas a encolar encajan entre sí? Si no es así, pule las superficies de contacto con una lima y papel de lija.
• Marca a lápiz las superficies de contacto para no aplicar más cola de la necesaria.
• Prepara los sargentos: ábrelos a la anchura requerida y déjalos a mano.
• La mayoría de botes de cola de carpintero tienen una boquilla puntiaguda. Después de cortar la punta para desprecintar el bote, te permitirá aplicar la cola directamente, repartiéndola por la superficie con finas líneas sinuosas.
• Finalmente, extiende esas líneas sinuosas con la espátula hasta formar una capa muy fina.
• Junta las dos piezas y utiliza los sargentos para mantenerlas unidas. Al apretar los sargentos, debería sobresalir un poco de cola a lo largo de toda la ranura.

Si no ha salido cola por la ranura que hay entre las dos piezas, es que tienes que...
• poner más cola,
• apretar más los sargentos,
• utilizar más sargentos
• o pulir más las superficies de contacto para que el encaje sea óptimo.

Puedes aplicar enseguida las tres primeras soluciones. En cambio, si las superficies de contacto no encajan, tendrás que eliminar la cola aplicada y raspar y limar las superficies hasta que encajen mejor.

Poco antes de que la cola empiece a volverse transparente, puedes limpiar con la espátula la cola sobrante que se haya filtrado por las ranuras. Para que las uniones con cola se consoliden, basta con dejar las piezas unidas con los sargentos hasta el día siguiente.

Aprovecha la fuerza de la gravedad   mal   bien

Si las piezas que quieres unir son muy pequeñas, no podrás utilizar sargentos. En estos casos hay que recurrir a la fuerza de la gravedad, o dicho de un modo más simple: colocar algo pesado encima de las piezas mientras se seca la unión. Los cordeles, las gomas elásticas o las correas pueden servirte para unir piezas irregulares.

¿QUÉ HAGO SI LA COLA NO ES SUFICIENTE?

Esto ocurre al mover las piezas recién encoladas demasiado pronto, o cuando la cantidad de cola es insuficiente. En maderas extremadamente secas o en las testas, el agua se absorberá demasiado rápido. Puedes repetir la operación y añadir más cola o usar tacos de madera para reforzar la unión. Además, si la superficie de encolado es demasiado pequeña puede que la cola no baste por sí sola, en cuyo caso hay que intentar ampliar la superficie encolada con agujeros, por ejemplo, en los que se puedan insertar piezas pequeñas como pies, picos, ejes de volante y mástiles de barcos, de manera que queden bien fijadas.

Ampliar la superficie
encolada

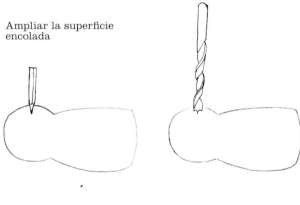

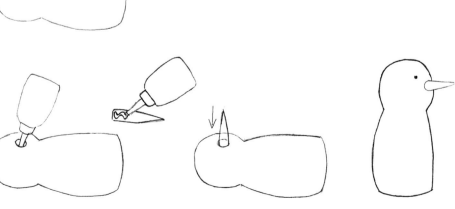

PROYECTO

Une piezas de madera entre sí de forma permanente pegándolas con cola; una vez unidas con cola, lo más probable es que no puedas volver a separarlas sin estropearlas. Las uniones con cola no son reversibles, de modo que piénsatelo bien antes de usarla.

Es importante que las partes que vayas a pegar con cola encajen a la perfección. Entonces el encolado es una manera elegante de unir piezas de madera: si se aplica correctamente, una vez seca la cola es casi invisible, y la unión resultante es duradera y estable. La cola sirve para unir cualquier tipo de pieza, desde las patitas de un pájaro hasta gruesas vigas.

CASITA LUMINOSA

MATERIAL
• Un tablero de contrachapado de unos 3 mm de grosor
• Vela

HERRAMIENTAS
• Sierra de marquetería
• Sierra japonesa
• Perforadora
• Brocas
• Cola de carpintero
• Papel de lija
• Escuadra
• Regla
• Lápiz

En este caso, solo tienes que serrar y pegar con cola. Dibuja primero todas las piezas en un tablero de contrachapado y córtalo todo con la sierra de marquetería. Para saber cómo debes serrar la ventana, puedes consultar la página 58. Pega las piezas sobre una base con un tablero de fondo que servirá de escenario. La casita terminada queda bonita sobre todo de noche, cuando la cálida luz de la vela se ve a través de la ventana.

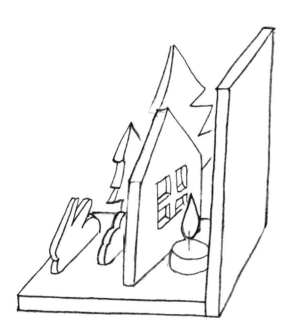

Rosalie, 11 años

SALA DE ESTAR

MATERIAL
- Trozos de tabla
- Varios restos de madera, rectangulares y redondos

HERRAMIENTAS
- Cola de carpintero
- Espátula
- Lápiz
- Sierra japonesa
- Barrena de mano

Todavía no sabemos quién utiliza esta sala de estar por la noche para sentarse en el sofá y ver la tele; sigue siendo un misterio. Lo que sí sabemos es que no te costará mucho construir una igual: solo tienes que encolar varios restos de madera y, antes de que te des cuenta, tendrás el sofá, la mesita de centro, el televisor y una lámpara. Aunque ¿no crees que sus usuarios necesitarán también un cuarto de baño, una cocina o un taller?

Floor, 9 años

CIRCUITO DE OBSTÁCULOS

MATERIAL
• Dos tableros de madera del mismo tamaño
• Listones de madera
• Restos de madera
• Canicas

HERRAMIENTAS
• Cola de carpintero
• Sierra japonesa
• Perforadora y broca
• Papel de lija

En este circuito de obstáculos hay que conducir la canica hasta la meta inclinando la tabla de base. Los agujeros que hay por el recorrido lo convierten en un juego, porque hay que ser hábil para evitarlos. Casi todo está encolado. Dibuja el recorrido en la primera tabla y perfora los agujeros, que tienen que ser lo suficientemente grandes como para que entre una canica. Para delimitar el recorrido pega unos cuantos restos de madera con cola. En la segunda tabla, pega unos listones que recorran el contorno a una misma altura y con una altura superior al diámetro de la canica.

Finalmente, pega la tabla del recorrido a la que has enmarcado con listones. Ya tienes una especie de doble fondo que recogerá la canica cuando se cuele por alguno de los agujeros.

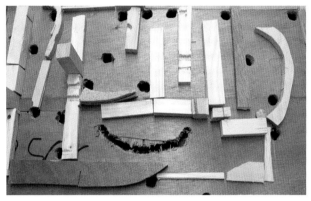

Jana, 12 años

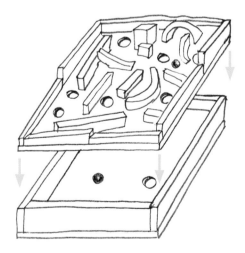

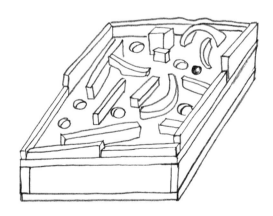

 Si el recorrido delimitado para la canica es demasiado grande y pesado, necesitarás que te ayuden a inclinar el tablero. Sin embargo, también puedes meter debajo la tapa de una cazuela, de modo que la plancha gire sobre el asa. Si añades un agujero a la plancha inferior, cada vez que se cuele la canica podrás oír el sonido de la canica golpeando la tapa de la cazuela.

CLAVAR

HERRAMIENTAS

Para clavar necesitas clavos, un martillo y, si el martillo no tiene uña, unas tenazas.

CLAVOS

Los hay de diferentes tipos y su tamaño se indica con dos cifras, que se refieren al diámetro y a la longitud, respectivamente. Así pues, la referencia 2,5 × 35 significa que el clavo tiene 2,5 mm de diámetro y 35 mm de longitud. En los proyectos de este libro se utilizan los tipos de clavos siguientes:

1 Las **puntas** suelen fabricarse en acero no endurecido. Son adecuadas para unir piezas de madera, y en la mayoría de casos, suele bastar con usar este tipo de clavos. Las puntas con cabeza avellanada **1a** sirven para refuerzos rápidos. Cuando se hunden del todo, tienden a formar grietas. Las puntas de cabeza estrecha **1b** se hunden con facilidad y una vez clavadas son prácticamente invisibles.

2 Los **clavos de acero** suelen fabricarse con acero endurecido. Son más robustos que las puntas y pueden clavarse en superficies más duras, como, por ejemplo, en ladrillos.

3 Los **clavos de tapicero** tienen la cabeza ancha y redonda y sirven para tensar tapicerías.

4 Los **clavos de cabeza ancha** sirven, por ejemplo, para fijar tela asfáltica. Su cabeza de mayor diámetro evita que esta se desgarre. Sin embargo, también se pueden evitar los desgarros cuando unimos materiales como la chapa metálica, el cartón, el plástico o goma a la madera.

5 GRAPAS

Sirven básicamente para fijar alambrados. Tienen dos extremos acabados en punta y se fijan martilleándolas, igual que los clavos. Se utilizan cuando es necesario asir un cordel, como en los barcos o los vehículos con remolque, por ejemplo.

6 MARTILLO

El martillo sirve para golpear los clavos y los hay de diferentes medidas y pesos. Su medida depende de su peso y suele estar grabada en la cabeza. Aquí hemos utilizado sobre todo un martillo de 200 g. Si no puedes agarrar bien el martillo por el extremo del mango, significa que es demasiado pesado para ti.

7 TENAZAS

Las tenazas sirven para extraer las puntas y clavos pequeños de la madera.

8 MARTILLO DE UÑA

El martillo de uña (de orejas o de carpintero) tiene dos funciones: la cabeza sirve para clavar clavos, mientras que la parte trasera, en forma de cuña abierta, sirve para arrancarlos como si fuera unas tenazas, aunque es más adecuado para los clavos grandes.

9 ALICATES DE PUNTA

Con unos alicates de punta puedes sostener los clavos pequeños para evitar golpearte los dedos con el martillo.

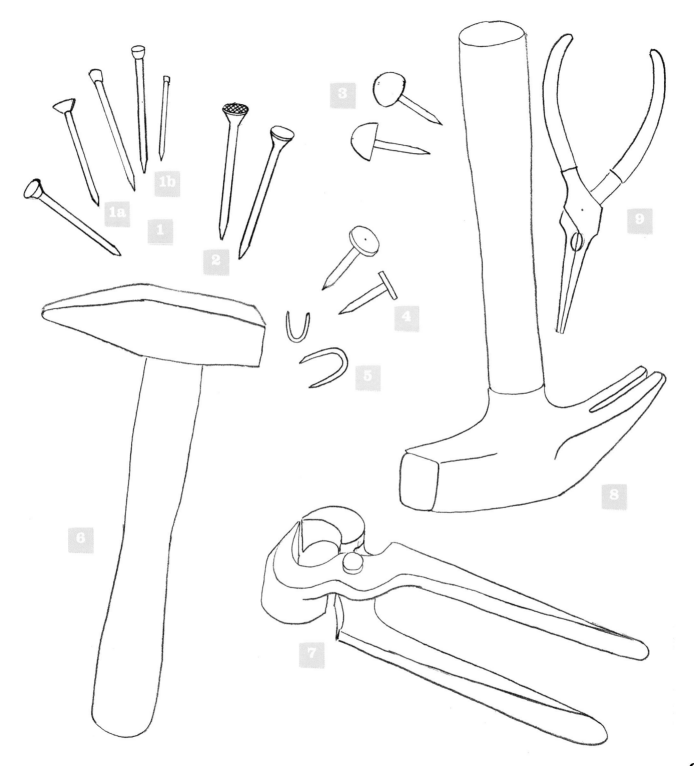

TÉCNICA

• Elige siempre clavos delgados y cortos. La regla general es que dos tercios del clavo deben quedar en la pieza de madera que sirve de base.

• Sostén el clavo con los dedos índice y pulgar y dale unos golpecitos con el martillo. A partir del momento en el que el clavo se sostiene solo, podrás golpear más fuerte.

• Golpea el clavo siguiendo su vertical. Agarra el martillo por el extremo del mango e intenta impulsarlo moviendo solo el antebrazo. Intenta mantener la muñeca lo más rígida posible.

• Utiliza el lado estrecho del martillo, la peña, para los clavos pequeños. Para no pillarte los dedos, puedes poner un poco de plastilina en el lugar donde lo quieras clavar, o sostenerlo con la ayuda de una tira de cartón o de unas tenazas puntiagudas.

• Si están demasiado cerca del borde de la pieza, a menudo los clavos agrietan la madera y la resquebrajan en la dirección de las fibras.

• Esto se puede evitar aplastando el clavo. Para ello, bastará con un martillazo en la punta. Los clavos aplanados unen las fibras en lugar de separarlas.

• En el caso de las maderas duras, haz antes un pequeño agujero, o bien afila la punta del clavo. La punta afilada cortará las fibras, de modo que el clavo entrará más fácilmente.

¿QUÉ HACER SI EL CLAVO NO QUIERE ENTRAR?

Puede que estés utilizando un martillo demasiado ligero. Elige un martillo más pesado o, si es posible, clavos más finos. También puedes abrir un pequeño agujero con una broca muy fina (véase la página 68). Es importante que la pieza de madera no rebote mientras la estás clavando. Si eso ocurre, cámbiala de posición.

¿QUÉ HACER SI TE HAS EQUIVOCADO Y TIENES QUE QUITAR UN CLAVO?

Si te has equivocado al clavar un clavo, o si se te ha doblado, puedes usar las tenazas o el martillo de uña para sacarlo. Para ello mantén las tenazas verticales y agarra el clavo por la cabeza. Una vez hecho, cierra con fuerza las tenazas y hazlas rodar sobre la cabeza, presionando contra la misma pieza.

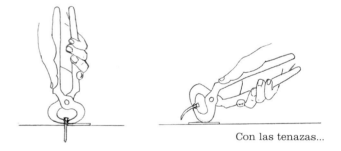

Con las tenazas...

Los clavos largos no se pueden sacar de una sola vez. Para extraerlos con un martillo de uña debes agarrar el clavo entre las dos garras y hacer palanca con el mango. Si colocas un trozo de cartón debajo, protegerás la superficie y no dejarás marcas.

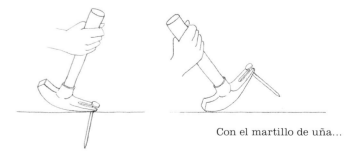

Con el martillo de uña...

PROYECTO

Puedes utilizar clavos para unir dos piezas de madera de un modo sólido. La mayoría de las veces, podrás volver a separar las piezas sin que se estropeen; los clavos se consideran una unión reversible. Los clavos son la manera más sencilla y rápida de unir piezas de madera, aunque debes tener en cuenta que, si esta se somete a movimientos repetitivos, la unión puede llegar a aflojarse. Así pues, una rueda puede llegar a desprenderse al girar, o una balsa puede desmontarse debido al movimiento de las olas.

Los clavos no solo unen piezas de madera, sino que también pueden definir formas. Pueden utilizarse para crear una imagen, o la figura de un animal con pinchos. Y para terminar, un consejo: si antes de clavar un clavo levantas una astilla, una vez clavado puedes volver a pegarla con cola y el clavo quedará oculto.

CUADRO DE CLAVOS

MATERIAL
• Trozos de tablero

HERRAMIENTAS
• Lápiz
• Clavos (o puntas)
• Martillo

Los clavos no solo sirven para unir piezas de madera. ¡También puedes usarlos para crear imágenes! Da igual si se trata de animales, personas o paisajes, o de escribir tu nombre: dibuja lo que quieras sobre una tabla y traza el contorno clavando clavos.

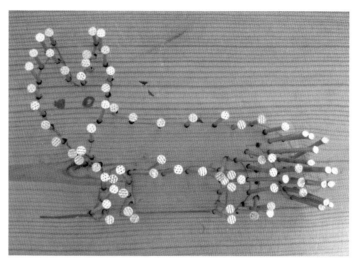

Ludwig, 7 años

Boris, 8 años

Jan, 12 años

96

LABERINTO PARA CANICAS

Vídeo 10

MATERIAL
• Una tabla o algún trozo de madera
• Clavos
• Una canica

HERRAMIENTAS
• Martillo
• Perforadora
• Broca
• Lápiz

Tacatacatacata..., cuando empieces a jugar con este laberinto, te costará dejarlo. El sonido de la canica chocando contra los clavos puede resultar tan fascinante como un carillón. El juguete se hace en un momento: primero dibuja el laberinto en una tabla teniendo en cuenta que cada camino consta de dos líneas paralelas. Al final del laberinto, haz un agujero lo suficientemente grande para que entre la canica. Luego solo hay que clavar clavos siguiendo las líneas trazadas y empezar a jugar. En el vídeo podrás comprobar el sonido que hace mientras juegas.

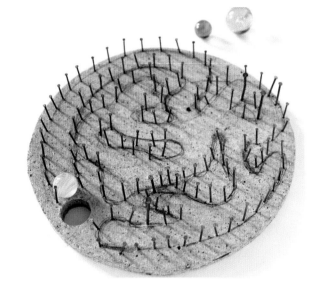

York, 11 años

ATORNILLAR

HERRAMIENTAS

 TORNILLOS

Otra forma de unir piezas de madera de forma segura son los tornillos. Los hay de diferentes tipos según el material y su finalidad. Para las uniones de madera que aparecen en el libro hemos utilizado tornillos de estrella de uso universal. Los hay con cuello 1a y sin él 1b. Para unir dos piezas de madera sin resquicios, es mejor utilizar tornillos con cuello. También hay tornillos que en lugar de cabeza tienen un gancho 1c o una anilla 1d, adecuados para vehículos con remolque. Los tornillos de gancho o de anilla se atornillan a mano y te costará menos meterlos si antes haces un agujero con una barrena. El tamaño de los tornillos se indica con dos cifras que corresponden al diámetro y la longitud de la rosca. Así pues, un embalaje identificado como 3,5 × 45 indica que los tornillos que contiene tienen 3,5 mm de diámetro y 45 mm de longitud.

 DESTORNILLADOR

A pesar del nombre, un destornillador sirve tanto para atornillar como para desatornillar. Hay que tener en cuenta el tipo y la medida del tornillo para elegir el destornillador más adecuado (los más comunes son los planos y los de estrella).

 DESTORNILLADOR ELÉCTRICO

Utiliza un motor eléctrico a batería para enroscar y desenroscar los tornillos. Para adaptarse a los distintos tipos de tornillo, llevan cabezales intercambiables 4 .
Pulsando un botón puede cambiarse el sentido de giro y resulta fácil cambiar de atornillar a desatornillar, y viceversa. También puede regularse el número de revoluciones de giro según el tamaño del tornillo y la dureza de la madera. Asimismo, si en lugar de un cabezal destornillador introducimos una broca, podemos utilizarlo como taladro. Por tener baja potencia, es más adecuado para los niños que un taladro eléctrico convencional, porque es más ligero y no tiene cables. Un destornillador eléctrico es muy útil para trabajar con maderas duras o con tornillos largos y gruesos.

BROCAS Y FRESAS

Para abrir agujeros que faciliten la entrada del tornillo, o para hundir la cabeza en la madera, necesitarás brocas y fresas. En la página 68 se explica cómo usarlas.

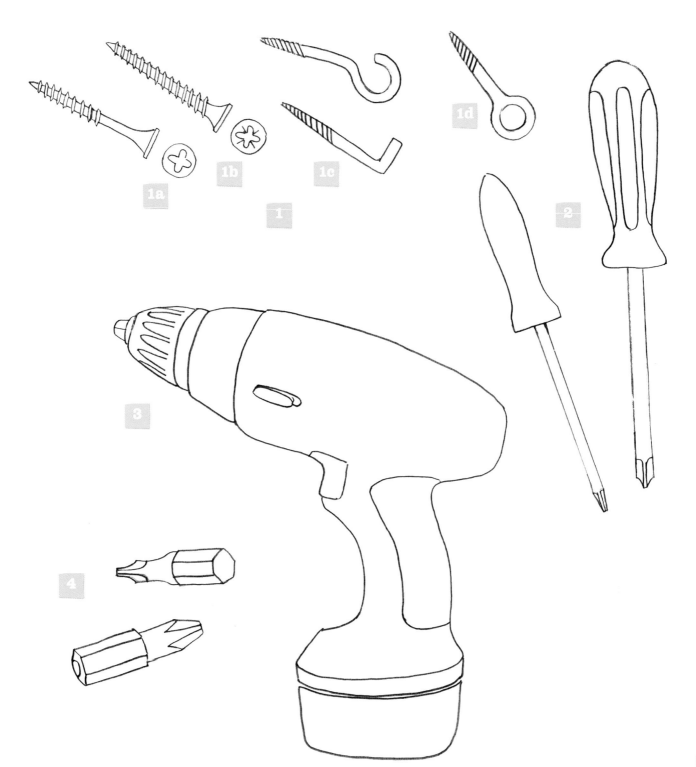

1a

1b

1

1c

1d

2

3

4

• Escoge el destornillador que mejor se adapte al tipo de tornillo que utilizarás. Un destornillador inadecuado puede dañar el tornillo o la pieza, y se corre el peligro de que la herramienta resbale y te lastimes.

• Coloca la pieza de modo que no se mueva ni se deslice al ejercer presión sobre ella con el destornillador.

• Sostén el destornillador, sea eléctrico o manual, en un ángulo vertical respecto al tornillo, e intenta ejercer la presión de arriba abajo siempre que sea posible.

• ¿Notas un traqueteo cuando utilizas el destornillador eléctrico? Eso significa que no has elegido la punta adecuada o que no ejerces suficiente presión sobre la cabeza.

• Aunque muchos tornillos modernos son autorroscantes —es decir, están pensados para que sea fácil enroscarlos—, siempre será más sencillo enroscar un tornillo si antes has hecho un agujero de menor diámetro en el lugar indicado para evitar que se desgarre la madera o que el tornillo se quede atascado antes de entrar del todo. Esto resulta especialmente importante cuando se trabaja con madera dura. Los taladros previos pueden hacerse con una barrena (véase la página 68) o una broca muy fina, y nunca deben superar las medidas de la rosca del tornillo.

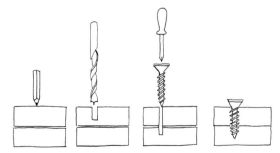

Taladro previo antes de atornillar

Para que los tornillos no sobresalgan en la superficie de la pieza de madera hay que hundirlos. Esto significa que hay que abrir un orificio superficial más grande. Para ello puedes utilizar un avellanador (véase la página 68). Si no lo tienes, puedes hacerlo también con una broca de un diámetro algo mayor que el de la cabeza del tornillo.

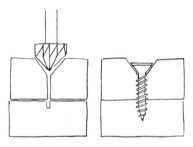

Hundir un tornillo

Si no tienes a mano ningún tornillo adecuado, puedes utilizar uno aunque sea demasiado corto. Solo tendrás que avellanar el agujero para que quede hundido.

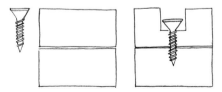

Hundir un tornillo demasiado corto

PROYECTO

La unión con tornillos es muy duradera y las piezas de madera atornilladas pueden volverse a separar sin que se estropeen; atornillar es una técnica reversible.

Cuando planifiques una unión de este tipo, intenta que los tornillos no queden demasiado cerca del borde de la pieza porque corres el peligro de que se astille. En la medida de lo posible, evita usar tornillos en puntos estrechos de la testa. Las bisagras, las asas, los mangos y otros herrajes suelen fijarse mediante tornillos.

Puedes intentar unir mediante tornillos piezas que no encajen perfectamente y que, por consiguiente, no se puedan encolar ni clavar. Una unión con tornillos suele ser muy visible, incluso aunque hundas los tornillos en la madera y rellenes el hueco con masilla, o tapes el agujero con un taco de madera: es difícil ocultarlos.

PERCHERO PARA LLAVES

MATERIAL
• Un listón ancho, una tabla o un trozo de madera de al menos 1 cm de grosor y unos 30 cm de longitud (para tres ganchos)
• Tres (o más) tornillos de gancho (2 × 30)

HERRAMIENTAS
• Regla y lápiz
• Barrena de mano
• Broca

¿Te pasas el día buscando las llaves porque nunca están en su sitio? Entonces necesitas un perchero para colgarlas. Un perchero también puede servirte para colgar trapos y manoplas de cocina o una escobilla.
Busca una tabla o un trozo de una madera bonita de al menos 1 cm de grosor para que los ganchos queden bien clavados. Marca a lápiz los puntos donde quieres atornillar los ganchos y utiliza la barrena de mano para abrir los agujeros. En esos agujeros previos, enrosca los tornillos de gancho a mano.

 Podrás colgar esta tabla para las llaves en la pared muy fácilmente si haces dos pequeños agujeros para los tornillos.

Bruno, 15 años

BICHOS CON PATAS

MATERIAL
• Restos de madera, trozos de listones y de tablas
• Tornillos, tornillos de gancho, alcayatas

HERRAMIENTAS
• Sierra japonesa
• Cuchillo de tallar
• Barrena de mano
• Lápices o rotuladores de colores

No importa si son mariquitas, cucarachas o luciérnagas; para hacer estos bichos con patas tendrás que hacer sobre todo una cosa: ¡atornillar! Las arañas tienen ocho patas y los insectos, seis. Puedes tallar el cuerpo a partir de cualquier resto de madera y darle forma raspándolo o serrándolo. Enroscar las patas te costará menos si antes haces taladros previos con la barrena. Si te apetece, puedes ponerles ojos o antenas y pintarles caras con lápices o rotuladores de colores.

MANDALAS

MATERIAL
• Una tabla de madera
• Tornillos de uso universal (2,5 × 30)
• Gomas elásticas de colores

HERRAMIENTAS
• Regla
• Lápiz
• Compás
• Destornillador eléctrico (o destornillador manual de estrella)

Pon en práctica lo que has aprendido sobre los tornillos. Es fácil, solo tienes que enroscar tornillos en una tabla, pero antes de ponerte a atornillar, ¡tienes que hacer una marca donde quieras que vayan! Es preferible empezar con un círculo. Cuanto más preciso sea tu dibujo, mejor podrás situar los tornillos y más regular será el resultado final. El diseño surge a partir de las gomas elásticas tensadas entre los tornillos.

La forma básica del mandala es el círculo, y quedará dividido en partes iguales, como si fuera un pastel. Cuanto menor sea la distancia entre los tornillos, mayor será el número de diseños posibles. Puedes probar tensando de vez en cuando alguna goma entre los tornillos que ya hayas colocado; esto te ayudará a decidir dónde puedes añadir más. El juego consiste en crear un diseño distinto cada vez, aunque también puedes superponer varios diseños que te hayan gustado para comprobar cómo quedan combinados. El resultado es más vistoso con gomas de colores y, si te apetece, también puedes cantar una melodía mientras punteas las gomas elásticas como si fuera un arpa.

Virginia, 10 años

¡EXAMEN!

Ya has aprendido un montón de cosas sobre cómo trabajar la madera. Ha llegado el momento de poner a prueba tus conocimientos:

1 ¿Cuál de las tres flechas indica la dirección de las fibras de la madera? ¿Sabes describir las otras dos direcciones que se muestran?

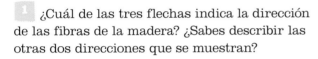

Respuesta ....

..../3

2 ¿Cuál es la mejor manera de partir en dos este trozo de madera? ¿Por qué?

Respuesta

....

....

....

.../4

3 ¿Cómo se llama esta herramienta y para qué se utiliza?

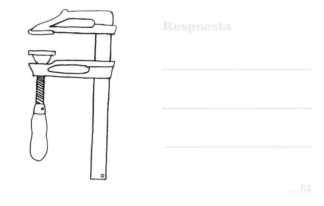

Respuesta

....

....

....

.../3

4 ¿Cuál de estas dos brocas sirve para trabajar con madera? ¿Cómo la has reconocido?

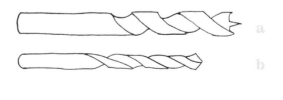

Respuesta ....

..../2

5 Al clavar el clavo, el listón se ha resquebrajado. ¿Qué puedes hacer para evitar que esto suceda?

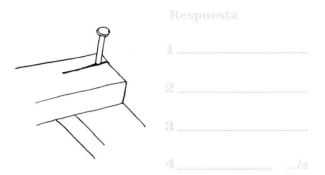

Respuesta

1 ....

2 ....

3 ....

4 ..../4

6 ¿Cómo se llaman las dos herramientas de la imagen? ¿En qué se diferencian?

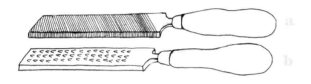

a

b

Respuesta

a ....

b ..../2

7 Estos tornillos son demasiado cortos para unir las dos piezas de madera. ¿Sabrías qué hacer con ellos para conseguirlo?

Con una palabra basta: .../1

....

8 ¿Cuál es la manera adecuada de sujetar la pieza de madera? ¿Por qué?

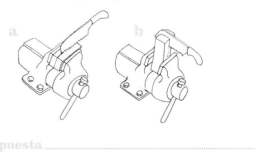

a   b

Respuesta ....

..../4

9 ¿Qué imagen muestra el sentido en el que actúa la sierra japonesa?

a   b

Respuesta ..../2

10 ¡Este gnomo no debería estar perforando en nuestro taller! Marca tres cosas que esté haciendo mal.

.../6

SOLUCIONES

1 La correcta es la c: en la dirección de las fibras; a: oblicuo respecto a las fibras, b: perpendicular a las fibras.

2 La correcta es la a: siguiendo la dirección de las fibras, la madera se partirá con más facilidad; b: de forma perpendicular a las fibra costará mucho partir la madera.

3 Sargento. Sirve para mantener presionadas dos piezas encoladas o para sujetar la pieza en la que trabajamos.

4 La correcta es la a: se reconoce por la punta central.

5 1: no clavar tan cerca del borde; 2: utilizar un clavo más pequeño; 3: hacer un taladro previo; 4: aplanar antes la punta del clavo.

6 a: lima; b: escofina. La escofina tiene dientes separados, mientras que la lima tiene ranuras; la escofina rebaja más material, es más tosca y deja marcas más profundas. La escofina actúa en un solo sentido, mientras que la lima actúa tanto cuando se empuja como cuando se tira de ella y también se puede utilizar para rebajar piezas metálicas.

7 Hundirlos.

8 b. En a actúan dos fuerzas opuestas: las mordazas del tornillo de banco presionan la pieza mientras que la sierra intenta separar las fibras, por lo que la hoja de la sierra se atascará.

9 La correcta es la a.

10 No lleva el pelo recogido, se le puede enredar el brazalete, sujeta la pieza con la mano y no tiene los pies firmes en el suelo.

EVALUACIÓN

28-31 puntos

¡Eres todo un profesional! ¡Escribe tu nombre en el diploma y enséñaselo a todos!

25-27 puntos

¡No está mal! Si has respondido correctamente las preguntas 1, 2, 8 y 10, también puedes firmar el diploma.

24-11 puntos

Parece que alguien se ha saltado algunas páginas del libro. Vuelve a leerlo y repite el examen mañana.

Menos de 11 puntos

Este libro está hecho especialmente para ti. Llévalo siempre encima, no te separes de él.

DIPLOMA

NOMBRE . . . .

SABE:

SERRAR

PERFORAR

LIMAR

RASPAR

LIJAR

CLAVAR

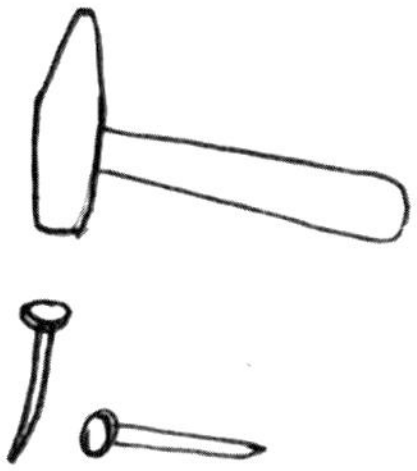

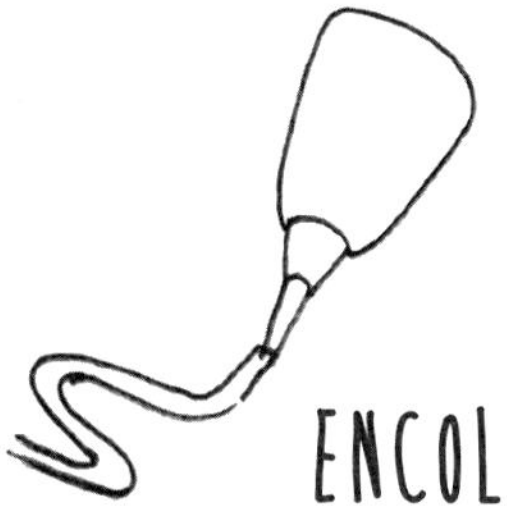

ATORNILLAR

ENCOLAR

☆ ¡ENHORABUENA! ☆

TABLERO DE HERRAMIENTAS

MATERIAL
- Tablas de madera de 1,5-2 cm de grosor (de la altura y anchura correspondientes a la altura y profundidad del armario)
- Las planchas aquí utilizadas tienen las siguientes medidas: 56 × 36 cm, pie: 36 × 10 cm, lado: 37,5 × 10 cm

• HERRAMIENTAS
- Sierra japonesa o caladora
- Broca de 10 mm (para tornillos) y de 8 mm (para tacos)
- Destornillador eléctrico o manual
- Tornillos de uso universal (p. ej., 3,5 × 45)
- Tacos de 8 mm
- Cola de carpintero
- Pintura acrílica (2 colores)
- Regla o metro plegable
- Lápiz
- Pincel
- Papel de embalar (para ponerlo debajo)
- Bata para pintar (si es necesario)

¡Nunca más tendrás que buscar las herramientas! Con este tablero las tendrás siempre a la vista y bien guardadas dentro de un armario.

Antes que nada, toma las medidas del armario para guardar las herramientas. El tablero de herramientas debería ser más bajo que el armario y también más estrecho. Dibuja el tablero de herramientas, el pie y los laterales en las planchas, y corta las piezas con la caladora.

Antes de atornillarlo, perfora el pie con la broca de 10 mm en todos los puntos en los que vayas a poner un tornillo. Serán suficientes 5 mm de profundidad para que las cabezas de los tornillos queden hundidas una vez atornillado el pie al lateral, así, cuando coloques el tablero sobre el soporte, no se tambaleará sobre las cabezas de los tornillos, porque no sobresaldrán.

Atornilla el lateral y el tablero de herramientas empezará a tomar forma. A continuación, distribuye las herramientas sobre el tablero colocado en horizontal y piensa cuál será el orden más lógico para ti. ¿Te gusta cómo queda? Entonces dibuja a lápiz el contorno de cada herramienta y marca dónde irán los tacos para colgar las herramientas. Dale la vuelta al tablero y repite la operación por el otro lado. Una vez marcados todos los agujeros para los tacos, haz los agujeros e inserta los tacos con un poco de cola.
Solo queda pintar el tablero con un color alegre. Rellena el contorno de cada herramienta con otro color, así podrás identificar dónde va cada una y cuál falta. Cuando se haya secado la pintura, ya podrás colgar tu tablero.

Si no tienes ningún armario para el tablero, puedes hacerlo sin pie ni lateral y colgarlo directamente a la pared con tornillos.

Este soporte resulta muy útil para guardar muchas herramientas, sobre todo si las utilizas a menudo, porque si en algún momento te falta una, bastará con echarle un vistazo al tablero para saber cuál es. Por otro lado, los niños verán enseguida las herramientas que tienen y dónde se guardan, sobre todo los que todavía no saben nombrarlas todas y están familiarizándose con ellas.

ASTILLERO

MATERIAL
• Casco del buque: listones de tejado o similares, de más o menos 6 × 4 cm y unos 20 cm de longitud
• Camarote: restos de madera, más o menos de 4 × 4 × 3 cm
• Barandilla: clavos y alambre delgado

HERRAMIENTAS
• Sierra japonesa
• Escofina
• Martillo
• Tenazas
• Cola de carpintero resistente al agua
• Sargentos
• Un recipiente lleno de agua
• Lápiz
• Regla

El ABC de la construcción de buques
Da igual qué tipo de barco quieras construir: para que sea apto para navegar, debes tener en cuenta dos cosas:
1. Antes y durante la construcción, comprueba que se mantiene la línea de flotación.
2. Utiliza solo cola resistente al agua para pegar elementos al barco.

Jan, 12 años

¿Una larga travesía por mar o una excursión para pescar cangrejos? Si piensas aventurarte a navegar, más vale que tu barco esté a punto. Para ello, prueba primero cómo flota tu trozo de madera. Mételo en el agua y observa la línea de flotación (véase la página 38), es decir, la línea hasta la que llega a mojarse la madera al flotar. Lo ideal es que sea paralela a la superficie de cubierta. Si es así, saca el trozo de madera del agua con cuidado y marca a lápiz la línea de flotación. Si, en cambio, el trozo de madera flota de lado o queda empapado por todas partes, deberías buscar otro.
Con la sierra japonesa, dale forma a la proa. Redondéala con la escofina y asegúrate de vez en cuando de que mantiene el mismo comportamiento en el agua. Luego sierra los camarotes y comprueba que sigue flotando igual de bien después de añadirlos. Si el barco se inclina mucho en el agua, tendrás que cambiar la posición de los camarotes o hacerlos más pequeños. ¿Ya flota bien? Entonces marca la posición elegida y saca el barco del agua con cuidado de no salpicar, porque las superficies deben estar completamente secas antes de aplicar la cola. Utiliza cola de carpintero para unir los camarotes al casco. Forma una pequeña barandilla con clavos y únelos con el alambre. Ya puedes dibujar a lápiz o con un bolígrafo resistente al agua los ojos de buey, y solo te quedará bautizar la nave y lanzarte a la mar.

Jan, 12 años; Maksim, Paul y York, 11 años

MOTO

MATERIAL
• Un listón de unos 2 × 3 cm
y 5-8 cm de longitud
• Una rama de aproximada-
mente 2-3 cm de diámetro

HERRAMIENTAS
• Sierra japonesa
• Formón y mazo
(véase el glosario
final)
• Lima de media caña
• Cuchillo de tallar
• Cola de carpintero
(o martillo y clavos
pequeños)
• Tornillo de banco

Jan, 10 años

Esta moto es genial para cualquiera que se anime
a trabajar la madera. Sin embargo, también supone
un reto divertido para los más pequeños. El principio de construcción es simple: primero sierra una
rama para obtener dos rodajas para las ruedas.
Después, utilizando el formón y el mazo, en el listón
abre una hendidura del mismo grosor que las ruedas. Esta pieza será el chasis de la moto, al que aña-
diremos los detalles: el faro delantero, el motor y el
sillín (a este último le daremos forma con la lima
de media caña). Divide en cinco partes más o menos
del mismo tamaño la parte sobrante del listón: a
partir de estas piezas construiremos la horquilla y
el manillar. Dales la forma deseada con el cuchillo
dc tallar y redondea los bordes.
Une estas piezas con clavos (como en la fotografía) o
con cola de carpintero (como en los dibujos). Empieza ensamblando las ruedas a la horquilla, que a su
vez estará unida al chasis de la moto. Encima de la
horquilla, clava o encola el manillar.
La longitud e inclinación de la horquilla determi-
nará el carácter de la moto: si es larga e inclinada
parecerá menos deportiva que una corta y vertical.

Una moto de cross de verdad
tiene guardabarros. Con unas
tijeras puedes cortar un trozo
de botella de plástico y luego
clavarlo.

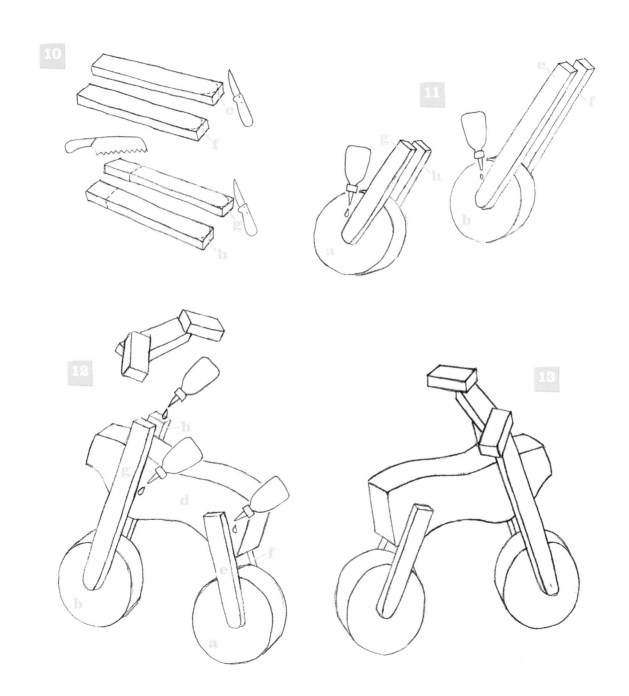

JEEP

MATERIAL
• Una tabla de unos 70 cm de longitud
• Trozos de listón, de más o menos 20 cm de longitud
• Ejes: una rama recta, más o menos del diámetro del pulgar y unos 30 cm de longitud (con esto obtendremos dos ejes)
• Ruedas: una rama de unos 6 cm de diámetro y unos 6 cm de longitud (para cuatro ruedas)
• Faros: trozos de ramas variados
• Bisagras y neumáticos: un trozo de cámara de bicicleta
• Parabrisas: un trozo de embalaje de plástico

HERRAMIENTAS
• Sierra japonesa
• Cuchillo de tallar
• Martillo
• Puntas o clavos pequeños
• Cola de carpintero
• Broca de 10 o 12 mm
• Lápiz
• Regla
• Sargentos

Benjamin, 9 años

La idea de construir un jeep a partir de una tabla de madera vieja y algunos trozos de ramas surgió durante unos campamentos junto al mar. Gracias a que los pivotes que sostienen los ejes son muy estrechos, las ruedas tienen mucho margen de movimiento arriba y abajo, lo que les permite adaptarse a cualquier terreno: monte bajo, barrizales, bancos de arena, caminos de grava… ¡nada podrá detenerlo! Como en todos los vehículos, empezaremos por la suspensión del eje: perfora un listón con un canto recto y luego córtalo en dos con la sierra, así te asegurarás de que los dos agujeros quedan exactamente a la misma altura y que las cuatro ruedas tocan el suelo por igual.

Si solo tienes una tabla, calcula el tamaño de las piezas para poder sacar la base, la zona de carga, las puertas y el capó. Dibuja todas las partes en la tabla y córtalas con la sierra.

A continuación, encola el listón que sujeta el eje de las ruedas a la base. Intenta que la superficie de contacto sea el canto recto del listón. Si aplicas este mismo truco a la zona de carga, te asegurarás de que las piezas encajen bien aunque no estén perfectamente serradas.

Inserta los ejes en los listones perforados y asegúralos con unas clavijas hendidas para evitar que se descentren. Es preferible que lo hagas antes de pegar las ruedas. Un trozo de listón serrado en tres partes servirá para crear la parte donde iría el motor, sobre el que pegaremos el capó, también con cola de carpintero. Una hendidura con la sierra nos permitirá colocar el parabrisas delantero. Las puertas y la escotilla de carga podrán abrirse gracias a unas bisagras hechas con trozos de la cámara de bicicleta. Con unas rodajas de rama de pequeño diámetro obtendremos los faros.

Solo nos falta el volante, una matrícula y… ¡un conductor!

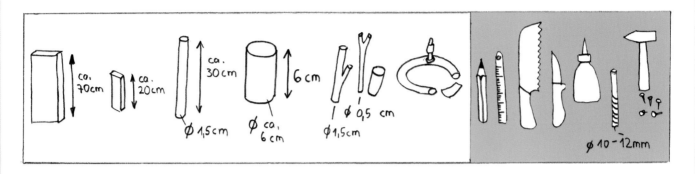

ca. 70cm

ca. 20cm

ca. 30cm

Ø 1,5cm

Ø ca. 6cm

6cm

Ø 1,5cm

Ø 0,5 cm

Ø 10-12mm

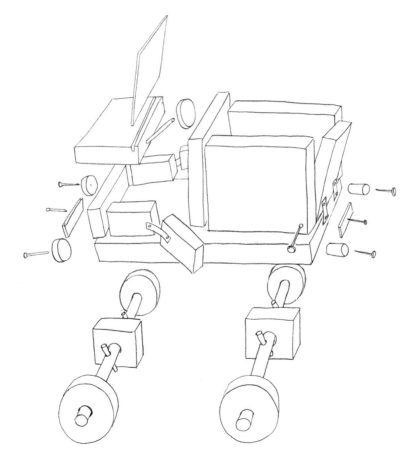

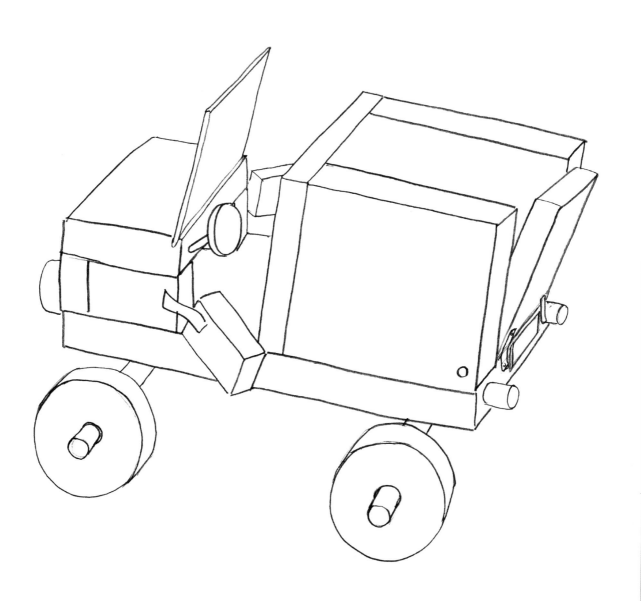

EXCAVADORA

MATERIAL
• Un listón de madera de unos 30 cm de longitud (o varios trozos sobrantes)
• Ejes: listón cilíndrico de 4 mm de diámetro y 20 cm de longitud (para dos ejes)
• Cuatro arandelas en las que pueda insertarse el eje
• Ruedas: una rama de 2 cm de diámetro y 8 cm de longitud (para cuatro ruedas)
• Dos gomas elásticas de más o menos 1,5 cm de anchura
• Rotor: listón redondo de 8 mm de diámetro y unos 2 cm de longitud
• Alambre para las articulaciones del brazo de la excavadora

HERRAMIENTAS
• Sierra japonesa
• Escuadra
• Cuchillo de tallar
• Alicates (para doblar el alambre)
• Cola de carpintero
• Brocas de madera de 3, 4 y 8 mm
• Taladro (si es posible, de pie) para el alojamiento de los ejes
• Lápiz
• Regla
• Tornillo de banco

Si al girar el cuerpo de la excavadora las orugas quedan atascadas, debes alargar el eje del rotor o reducir el diámetro de las ruedas.

Cuerpo
Primero perfora el listón de 6 cm de longitud por el centro con una broca de 8 mm hasta unos 7 mm de profundidad. Este agujero servirá para alojar el rotor, por lo que encolaremos el listón redondo de 2 cm de longitud y 8 mm de diámetro y lo insertaremos. El extremo que sobresale ligeramente servirá para que rote mejor sobre la base de la excavadora. Con la sierra, corta la hendidura que servirá para alojar el brazo de la excavadora y perfórala con la broca de 3 mm para insertar el eje que lo mantendrá en su sitio. Para la cabina, pega con cola un trozo de madera sobrante.

Pala y brazo de la excavadora
Corta un trozo de listón de unos 8 cm de longitud en dos partes y sigue cortándolas hasta que obtengas el grosor deseado. Con la broca de 3 mm, perfora cada extremo para alojar el pasador y con el cuchillo de tallar abre una hendidura que sirva como bisagra. A partir de un trozo de listón de unos 3 cm de longitud, talla la pala y repite la operación: abre una hendidura y haz un taladro para el pasador. Ya puedes unir todas las piezas: el cuerpo encima del chasis, la pala en el extremo del brazo y este, unido al cuerpo. Utiliza alambre para asegurar el brazo y la pala.

Chasis
Para los ejes, haz dos orificios pasantes con la broca de 4 mm en un trozo de listón de unos 5 cm dc longitud, si es posible con un taladro de pie. A continuación, otro agujero en el centro del listón, de más o menos 1 cm de profundidad y con la broca de 8 mm, que servirá como rotor. Introduce los ejes de sección redonda en los orificios correspondientes, ensarta las arandelas y pega las ruedas que has obtenido serrando cuatro rodajas de rama. Como cadena para la oruga, puedes utilizar una goma elástica ancha.

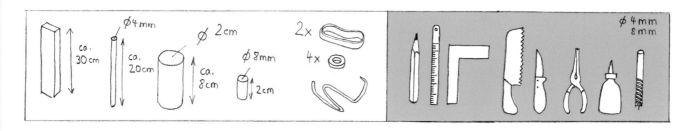

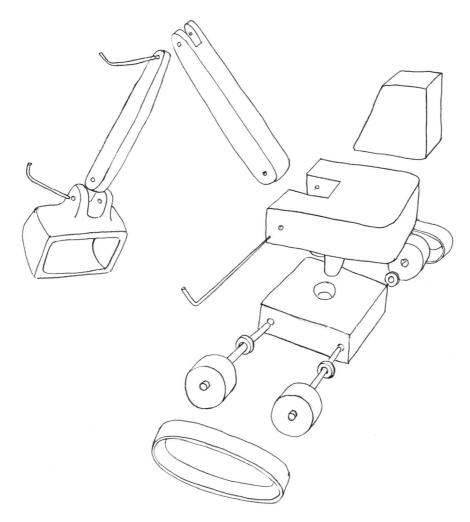

Jan, 11 años

PARA LOS CONSTRUCTORES DE VEHÍCULOS

Erik, 11 años

¿No crees que ha llegado el momento de que inventes tus propios vehículos? Un robot extraterrestre, un camión de la basura, un tractor de competición… puedes construir cualquier vehículo siguiendo los mismos principios:

• Empieza siempre por el chasis y el alojamiento para los ejes.
• Para alojar los ejes servirá cualquier taladro en el que puedan girar libremente.
• Con clavijas hendidas o arandelas se pueden mantener los ejes es la posición correcta.
• Las ruedas se pegan con cola a los ejes.
• Una vez listo el chasis, lánzate con los accesorios como cabinas, zonas de carga, etc.

La proporción entre las ruedas y los accesorios juega un papel decisivo en la construcción de un vehículo, al igual que el número y disposición de las ruedas. Así pues, un tractor tiene dos ruedecitas delante y dos enormes ruedas detrás; los carritos de golf o las carretillas elevadoras tienen cuatro ruedas diminutas, e incluso hay cochecitos de solo tres ruedas con cabina y zona de carga.
Los coches deportivos se reconocen por su forma más bien plana, parecida a una cuña. Los medios de transporte pesados como los grandes camiones con remolque pueden llegar a transportar incluso casas y aviones. Suelen tener muchas ruedas, son imponentes y tienen forma cuadrangular. Ya lo ves: hay vehículos de todo tipo de formas y medidas.

Mink, 8 años

Paul, 11 años; Raman y Peter, 10 años

Koen, 8 años

Tomislav, 11 años...

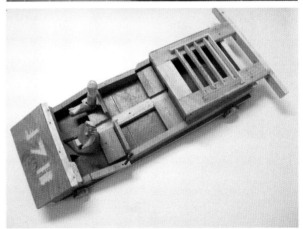

... y Tomislav a los 12

COFRE DEL TESORO

MATERIAL
• Una tabla de 9,5 cm de anchura y 110 cm de longitud
• Un listón redondo de 4 mm de diámetro y 9 cm de longitud
• Bisagras invisibles: dos trozos de cámara de bicicleta, más o menos de 3 × 4 cm
• Cuatro clavos
• Bisagras visibles: dos bisagras, cuatro tornillos
• Para decorar: ojo de cerradura y llave

HERRAMIENTAS
• Regla o metro plegable
• Escuadra
• Sierra japonesa
• Cuchillo de tallar
• Martillo
• Cola de carpintero
• Taladro
• Brocas de 4, 5 y 8 mm
• Destornillador
• Lima plana
• Lápiz
• Tornillo de banco, sargentos

¡La cerradura solo sirve para despistar! Gracias a un mecanismo oculto, este cofre del tesoro solo se abrirá si giras una de las patas, pero mejor que no se lo cuentes a nadie si lo quieres para guardar tus tesoros.
Construye la caja a partir de una única tabla. En los dibujos verás cómo debes dibujar, serrar y unir las diferentes piezas para aprovechar los bordes rectos de la tabla.

Primero, pega la base a los laterales con cola y atornilla las falsas bisagras. Para crear la verdadera bisagra, une la tapa y la caja con el trozo de cámara de aire. El cierre consiste en una plaquita instalada sobre un listón redondo. Haz un agujero en la base, inserta la espiga del cierre y pégale con cola una de las patas. Cuando le des la vuelta a esta pata, harás girar también el mecanismo del cierre. La cerradura falsa, en cambio, tienes que pegarla en la tapa y perforar la parte frontal para que se pueda meter la llave.

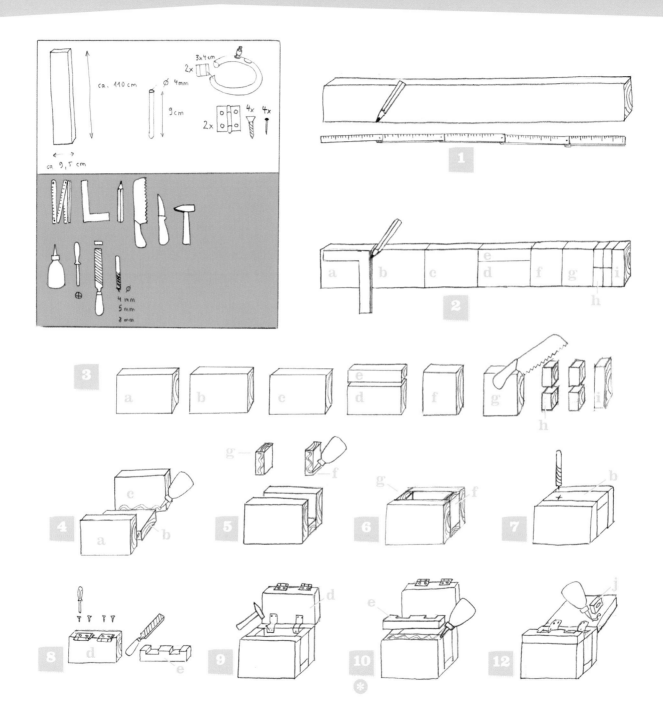

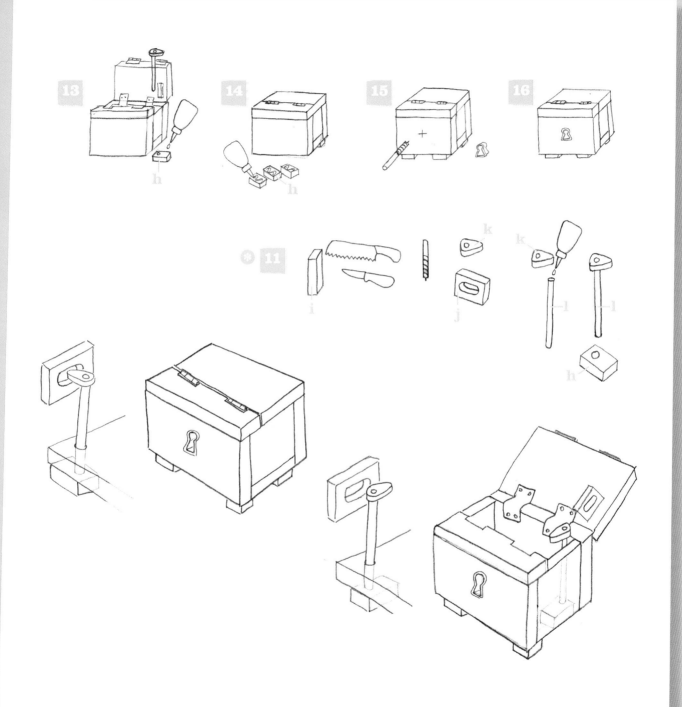

BALANCÍN CON CANICA

MATERIAL
• Tres tablas de unos 3 cm de grosor, 18 cm de anchura y 55 cm de longitud
• Una plancha de contrachapado de unos 18 × 35 cm
• Una plancha de plexiglás de unos 18 × 35 cm
• Un trozo de listón para el tapón, de unos 2 × 2 cm y 5 cm de longitud
• Una canica

HERRAMIENTAS
• Sierra japonesa
• Escuadra
• Escofina o formón y mazo (véase el glosario final)
• Tornillo de banco
• Sargentos
• Cuchillo de tallar
• Cola de carpintero
• Caladora eléctrica con hoja para contrachapado y plástico
• Pegamento universal (o pistola de cola caliente)
• Papel de lija
• Lápiz
• Regla

El balancín con canica es un juego de habilidad. Tienes que intentar mantener el equilibrio cambiando el peso de un pie a otro mientras guías la canica por un laberinto. El balancín solo se mueve con los pies, de modo que los bailarines y los skaters juegan con ventaja...

El balancín se construye en un santiamén: al no tener ninguna viga gruesa, encolamos varios tablones, y con la escofina, o con el formón y el mazo, redondeamos los extremos para que la tabla se balancee bien.

Puedes serrar el laberinto para la canica a partir de un tablón de contrachapado y encolarlo sobre el balancín. El grosor de la tabla tiene que superar el diámetro de la canica. Para que la canica no escape del laberinto con un movimiento brusco, pega una lámina de plexiglás encima, a modo de tapa. Asegúrate una vez más de que la canica puede rodar libremente. Si no es así, pega unos trozos de listón para separar un poco la tabla de contrachapado y la lámina de plexiglás. A partir de un trozo de listón, talla un tapón que te servirá para cerrar el orificio que sirve para introducir la canica en el laberinto y... ¡a jugar!

De vez en cuando, interrumpe el trabajo para probar el balancín. Puedes encontrar láminas de plexiglás en las tiendas de modelismo. Si te gustan los colores vivos, pega unas láminas de goma para colocar los pies.

Heike, 11 años

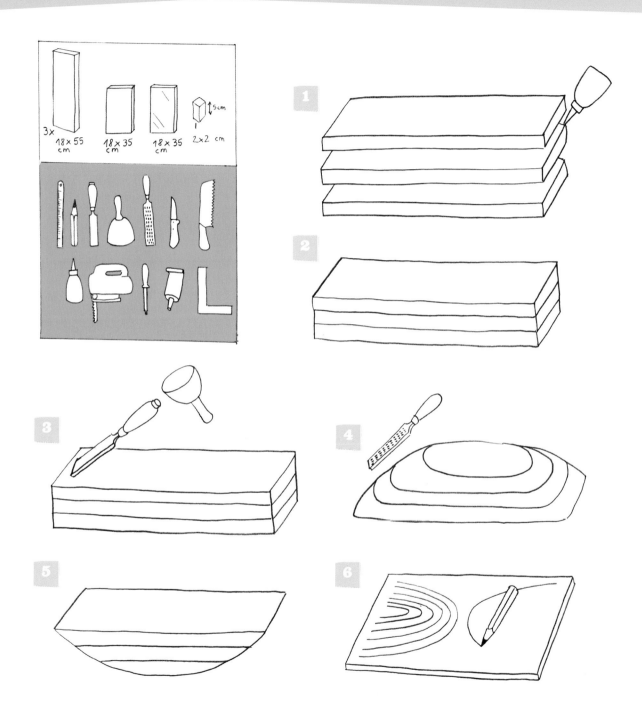

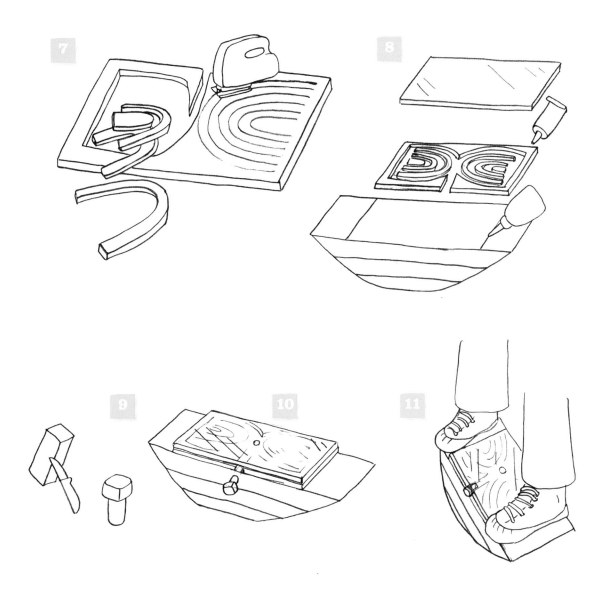

CONSEJOS PRÁCTICOS

• Por experiencia, sabemos que cuando los niños trabajan la madera es muy importante que sujeten bien las piezas. Lo ideal es disponer de un banco de carpintero o un tornillo de banco.

• En caso de no poder utilizarlos, podemos recurrir a los sargentos, que nos permitirán convertir cualquier mesa, silla, o incluso un banco del parque, en un banco de trabajo.

• Como al sujetar la broca al taladro, será mejor que un adulto fije los sargentos, ya que normalmente los niños no tienen la fuerza suficiente para ajustarlos bien. Para muchos niños será más sencillo trabajar con sargentos monomando, pues son más fáciles de manipular.

• Si no tienen ningún elemento de sujeción, los niños más pequeños agradecerán que alguien les ayude a sujetar la pieza.

• Sin dispositivos de sujeción, los niños pequeños o los grupos más numerosos pueden dedicarse, sobre todo, a clavar clavos, pegar piezas con cola y limar.

• Cuando sea posible, deberíamos poder dejar las piezas que hayamos encolado en algún lugar seguro donde puedan secarse hasta el día siguiente sin que nadie las mueva.

• Es difícil vigilar a más de ocho niños a la vez, sobre todo si trabajan en proyectos distintos. Si se tienen más alumnos, es recomendable unificar los proyectos y proceder paso a paso y de forma conjunta.

• El modelo que proponemos para empezar es la moto de la página 114. Requiere poco material y los pasos que hay que seguir son muy claros. Permite que los niños se pongan a trabajar enseguida, que lo hagan de forma bastante autónoma y que sean ellos mismos quienes calculen las medidas y las proporciones. El proyecto es ideal para grupos numerosos y activos, pero también para niños que todavía no tengan experiencia trabajando la madera. Además, con este proyecto los niños aprenderán a tener en cuenta las fibras de la madera, puesto que es la única dirección en la que podrán partir este material con facilidad.

• Los niños trabajarán de forma más autónoma si cada herramienta tiene un lugar asignado (véase la página 110). Además, recogerlo todo resultará más sencillo. También facilita mucho las cosas la posibilidad de guardar los materiales en un lugar que permita verlos claramente.

137

ESCULPIR

MATERIAL

Para pedir materiales siempre es preferible ir acompañado de un adulto, y en ningún caso debes entrar sin permiso en una zona donde estén podando.

Tal como ocurre cuando tallamos, si lo que queremos es esculpir también se puede utilizar prácticamente cualquier tipo de madera, aunque es preferible trabajar con maderas blandas que con duras (una de las más adecuadas es la de tilo).

Trabajar la madera mientras aún está verde es más sencillo que cuando ya está seca, aunque a menudo se raja por lugares inesperados.

Para esculpir necesitarás trozos de madera más grandes que para tallar. Deberían tener al menos un diámetro de 8 o 10 cm y unos 20 cm de longitud. Este tipo de trozo de madera se puede encontrar cuando se está haciendo la poda invernal, tras los destrozos provocados por una tormenta 1 o cuando se estén llevando a cabo tareas de preparación de un terreno antes de construir. Así que estate atento: si algún día oyes el ruido de motosierras y trituradoras cerca, probablemente tengas oportunidad de conseguir estas maderas de mayores dimensiones 2 . Tendrás que darte prisa, pues a menudo convierten allí mismo ramas y árboles enteros en serrín y virutas para poder llevarse los restos más fácilmente.

La mayoría de grandes ciudades y municipios tienen puntos de reciclaje y compostaje públicos 3 para deshacerse de los restos de la poda. Vale la pena preguntar si puedes llevarte algún trozo interesante.

Para todos los proyectos mostrados en el libro hemos utilizado ramas de tilo o vigas recuperadas 4 .

HERRAMIENTAS

Para esculpir madera necesitarás formones o gubias. Además, necesitarás también un mazo y algún elemento para fijar la pieza, como un tornillo de banco.

FORMONES

Los formones, o escoplos, son herramientas planas de un solo filo. Se utilizan con la ayuda del mazo, sobre todo cuando se trata de trabajos toscos. La mayoría de formones tienen un anillo metálico en la parte posterior del mango para evitar que los golpes contundentes del mazo puedan dañarlo. Para todos los proyectos incluidos en el libro se utilizaron formones corrientes, de entre 5 y 20 mm de anchura. Los formones para trabajos más finos reciben también el nombre de 'gubias'.

GUBIAS

Las gubias, o buriles, se utilizan con la presión de la mano, aunque también permiten el uso del mazo. Hay más de 900 formas y medidas diferentes, aunque normalmente se distinguen por la forma de la hoja. Las gubias más corrientes son las cóncavas **2a**, y su filo arqueado permite hacer muescas en la madera que imitan a las del metal martilleado. También son muy populares las gubias en V **2b** para trazar líneas finas e inscripciones, y las de hoja curvada o angular **2c**, que son especialmente apropiadas para hendiduras profundas, como las que tendrías que hacer si, por ejemplo, quisieras tallar una concha.

MAZO

El mazo, o maza, es una especie de martillo que se utiliza para golpear el formón, y destaca por su abultada cabeza redonda y acampanada. Su ventaja es que no se puede girar mientras lo utilizas para golpear. ¡Acertarás siempre! Además, la superficie de contacto en el momento del golpe es mayor y está más alineada con la articulación de la muñeca. Normalmente se fabrican con madera de carpe, una de las variedades de madera más duras de Europa. Los mazos modernos también pueden tener la cabeza de latón o plástico.

BANCO DE ESCULTOR O DE CARPINTERO

A la hora de esculpir, es importante poder sujetar bien la pieza. El banco de carpintero o de escultor es un banco pesado y estable con varios mecanismos que permiten sujetar incluso trozos de madera irregulares.

TOPES DE BANCO

Sirven para sujetar la pieza al banco de carpintero y se insertan en sus agujeros para retener incluso piezas irregulares. Los topes de madera personalizados (véase la página 155, fotografía) evitarán que se dañen los formones si en algún momento se escapa la herramienta.

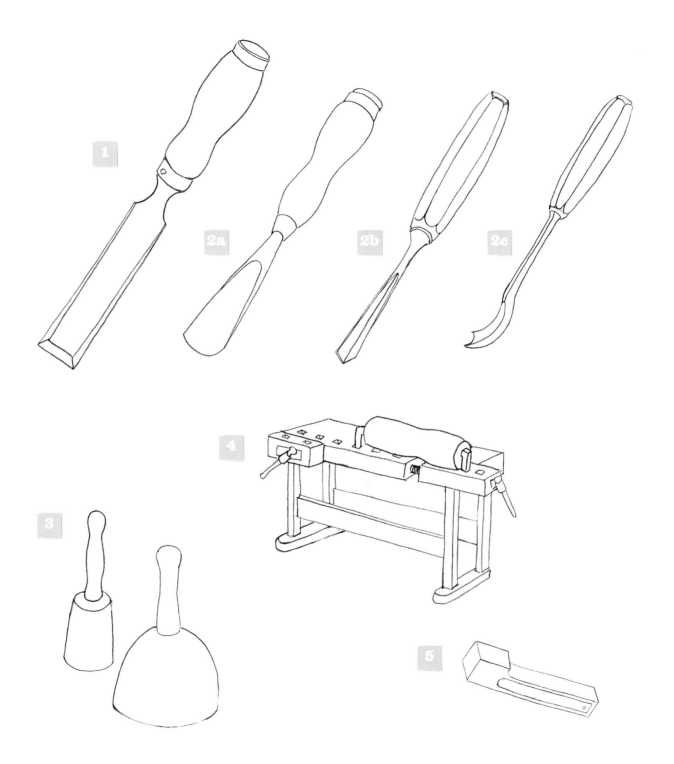

143

TÉCNICA

En esencia, tallar y esculpir vienen a ser lo mismo: las dos técnicas consisten en sustraer material para obtener una forma. Sin embargo, en el caso de la escultura, los formones se golpean con el mazo para ejercer más fuerza y así poder trabajar piezas de mayor tamaño.

- Empieza dibujando la forma básica que pretendes darle a la figura.
- Elige un trozo de madera adecuado por su tamaño y por la dirección de las fibras. Las patas de los animales, por ejemplo, son un elemento que suele implicar cierto riesgo de quebrarse, por lo que deberían seguir la dirección de las fibras para no romperse.
- Pasa el dibujo a la madera para poder verlo con claridad.
- Antes de empezar a utilizar el mazo, sujeta bien la pieza. Es preferible que dispongas de un banco de carpintero o de escultor. Para entender cómo funcionan, échale un vistazo a la fotografía 1 de la página 155. Mientras trabajas, la pieza no debe poder deslizarse, volcarse, ni rebotar.
- No obstante, también puedes sujetar la pieza con tornillos a un trozo de tablón y fijar el tablón al banco de trabajo. Puedes ver cómo se hace en la fotografía 2 de la página 155.
- Los sargentos pueden ser una solución de emergencia a falta de algo mejor, si bien los golpes con el mazo pueden aflojarlos y hay que ir apretándolos de vez en cuando.
- Puedes fijar trozos de madera grandes y pesados en una caja de arena, o también sujetarlos a un tronco grueso y pesado con grapas de construcción.*

- Sitúate detrás de la pieza, con un pie más adelantado y el filo del formón sobre la testa de la madera.
- Al golpear el formón, intenta no doblar la muñeca. Tienes que tensarla como si llevaras el brazo escayolado, e intentar que la fuerza del golpe parta desde el hombro.
- Cuando golpees, no pierdas de vista la hoja del formón.
- El formón cortará mejor si entra ligeramente inclinado a la dirección de las fibras.
- Haz pausas frecuentes y apártate para observar la pieza a cierta distancia: deberías trabajar de forma gradual por todos los lados, y para que eso sea posible tendrás que girarla y rodearla a menudo.
- Trabaja desde el punto más externo hacia el interior. En el caso de la cara, por ejemplo, deberías empezar por la punta de la nariz.

¿QUÉ HAGO SI NO ME HA QUEDADO BIEN?

- El formón debería estar bien afilado en todo momento.
- Si no consigues arrancar una viruta, deberías cambiar el ángulo de incidencia del formón respecto a la pieza.
- Cuanto más abierto sea el ángulo del formón con la superficie de madera, más gruesa será la viruta, y al contrario: cuanto más plano sea el ángulo, más fina será.
- Intenta golpear el formón con decisión.
- Si cortas un fragmento por error, puedes volver a pegarlo con cola de carpintero, o replantearte el tamaño de la figura.

PROYECTO

Es preferible que desarrolles primero tus ideas para esculturas mediante esbozos y dibujos. Al principio, resulta más sencillo empezar con una forma compacta* que puedas reducir a una forma geométrica básica.* Un muñeco de nieve, por ejemplo, consta de tres esferas, mientras que el sombrero es básicamente un cilindro vertical. Intenta renunciar a los detalles complicados a la hora de dibujar. En el caso de las figuras de animales, concéntrate en lo más característico y en las formas externas más distintivas: los cuernos del toro, las grandes orejas de la liebre o la forma de gota del erizo.

Busca la inspiración para tus dibujos en las líneas y formas de la madera. Observa la pieza desde todos los ángulos posibles. ¿Qué ves? Una rama torcida te puede sugerir un gato acurrucado, o una figura sentada. ¡Tú decides!

BARCO CON ZONA DE CARGA

MATERIAL
• Casco del barco: una tabla de unos 7 cm de anchura y unos 20-30 cm de longitud
• Mástil: tres ramas del diámetro aproximado de un pulgar y unos 20-30 cm de longitud
• Vela: tela, cordel
• Camarote: restos de madera
• Recipiente con agua

HERRAMIENTAS
• Formón
• Mazo
• Serrucho
• Taladro
• Brocas
• Tornillo de banco (o banco de carpintero o de escultor)
• Cola resistente al agua (o martillo y clavos)
• Lápiz

Construido a partir de un trozo de viga, este barco tiene una zona de carga y está listo para zarpar. Como siempre que quieras hacer un barco, empieza metiendo la madera en el agua y observando cómo flota. Tu barco navegará bien si los cantos superiores del tablón flotan paralelos a la superficie del agua.

Puedes darle forma a la proa cortando la madera con el serrucho. Después utiliza un formón para crear el hueco central que servirá como zona de carga.

Crea la cabina a partir de algún recorte de madera, y luego clávala o pégala con cola. Perfora el casco para alojar el mástil y la vela y colócalos en su sitio. Comprueba una vez más cómo flota el barco en el agua. Tal vez decidas acortar un poco el mástil antes de pegarlo con cola.

Sujeta un cordel con una grapa en la cubierta del barco. Te servirá para atar el cordel del ancla.

Simon Wilhelm, 10 años

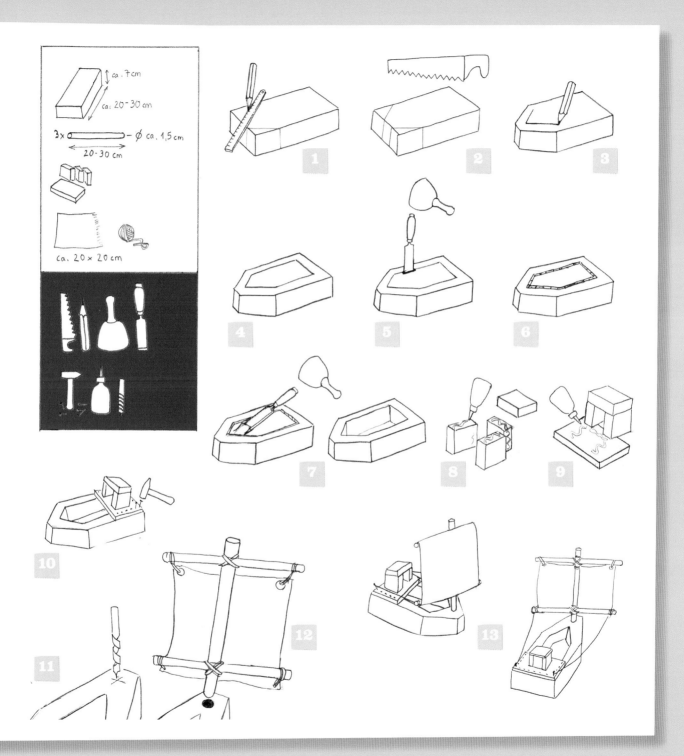

147

MAZO

MATERIAL
• Rama de 6-12 cm de diámetro y unos 25 cm de longitud, de madera dura (sería ideal la de carpe)

HERRAMIENTAS
• Formón
• Mazo
• Sierra japonesa
• Cuchillo de tallar, escofina, lima y papel de lija
• Banco de carpintero o de escultor
• Lápiz

¡Hazte tu propio mazo! Practica una nueva técnica al tiempo que te fabricas una herramienta.

Primero dibuja la forma del mazo en la rama ya pelada. Con unas líneas que den la vuelta a la rama, determina la longitud que tendrán el mango y la cabeza. En una de las testas, dibuja la sección del mango.

Con la sierra, corta la línea circundante más o menos hasta la profundidad que marca ese corte transversal. Hecho esto, podrás utilizar el formón desde la parte superior para darle forma al mango de un modo controlado y sin peligro de cortar más de la cuenta. Esta parte del proceso es ágil, porque se trabaja siguiendo la dirección de las fibras.

Puedes dejar la cabeza del mazo tal como está o darle forma de bala. En cualquier caso, puedes dar el trabajo por terminado cuando puedas coger el mazo con comodidad.

Solo te queda utilizar el cuchillo de tallar para redondear los cantos de la cabeza del mazo.

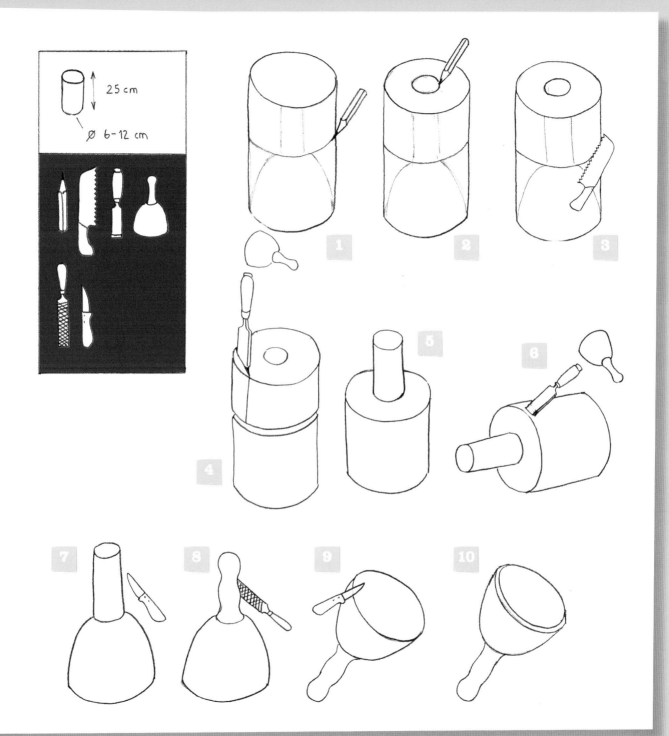

25 cm

Ø 6-12 cm

1
2
3
4
5
6
7
8
9
10

149

ERIZO PORTALÁPICES

MATERIAL
• Una rama de tilo de unos 10 cm de diámetro y entre 15 y 20 cm de longitud

HERRAMIENTAS
• Formón
• Mazo
• Taladro
• Brocas de madera de 8 y 10 mm
• Escofina y cuchillo de tallar
• Banco de carpintero o de escultor
• Lápiz

Las púas del erizo no salen perpendiculares al cuerpo. Inclina un poco la broca al taladrar de modo que las púas de colores parezcan más naturales.

¿Qué erizo tiene las púas de color rosa, verde, azul y amarillo? ¡El erizo portalápices! Además, te servirá para tener siempre a mano tus lápices de colores. Para empezar, pela la corteza. A continuación, redondea con el formón y el mazo una testa de la rama: este será el trasero del erizo. Puede que te cueste un poco, porque tendrás que trabajar contra las fibras de la madera. Si te resulta más fácil utilizar la escofina, puedes tomártelo con calma y rebajar el material con esta herramienta. Una vez redondeado el trasero, dibújale el hocico. El formón cortará más fácilmente porque trabajarás prácticamente en la dirección de las fibras. Asegúrate de que el erizo queda estable sobre la mesa, pues de lo contrario tendrás que retocar la barriga. Solo te queda hacer los agujeros para los lápices y dibujarle los ojos.

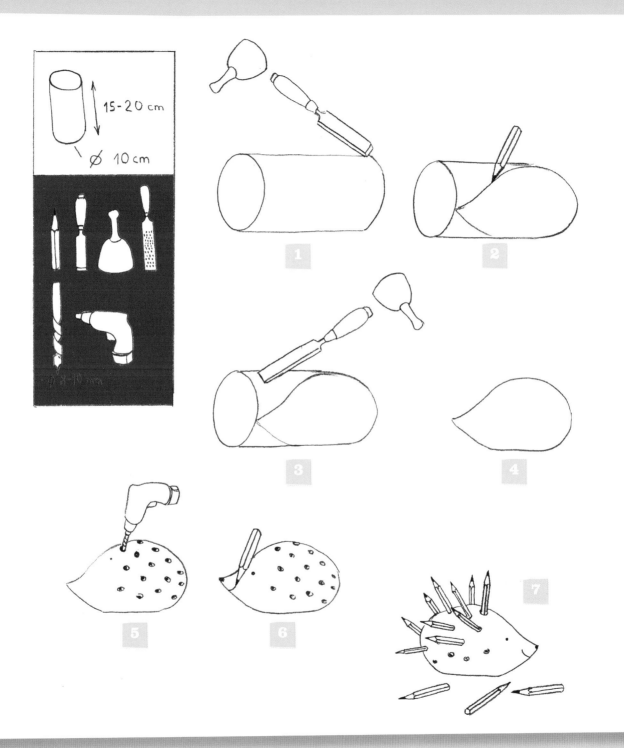

15-20 cm

⌀ 10 cm

1

2

3

4

5

6

7

151

PINGÜINO

MATERIAL
• Una rama de tilo de 8-10 cm de diámetro y 25-28 cm de longitud
• Pico: una rama de tilo del diámetro aproximado de un pulgar y 6-9 cm de longitud

HERRAMIENTAS
• Formón
• Mazo
• Tornillo de banco, o banco de carpintero o de escultor
• Sierra japonesa
• Escofina, lima y papel de lija
• Cola de carpintero
• Espátula para extender la cola
• Cuchillo de tallar
• Taladro
• Brocas
• Lápiz

Si utilizas un trozo de madera de sección ovalada, te resultará más sencillo darle forma a la cola del pingüino.

Jana, 10 años

No te preocupes, este pingüino no tendrá que vivir en tu frigorífico. Seguro que preferirá estar en el alféizar de tu ventana. Observa bien la madera ya pelada desde todos los ángulos. ¿En cuál de los dos extremos crees que debería estar la cabeza? Una vez decidido, empieza por redondearla trabajando con el formón perpendicular a las fibras. Si te resulta demasiado difícil, utiliza la escofina. Después dibuja el pingüino a lápiz. Para el cuello, traza una línea que rodee la pieza (véase la página 45) y marca un corte de más o menos 5 mm de profundidad con la sierra, así tendrás el borde que te servirá de tope para el formón y te permitirá definir el cuello, la espalda, la barbilla y la barriga. Puedes definir el pico con el cuchillo de tallar a partir de una rama más delgada y luego pegarlo con cola de carpintero. Si antes de aplicar la cola haces un orificio para insertarlo en la cara, la unión será más firme.

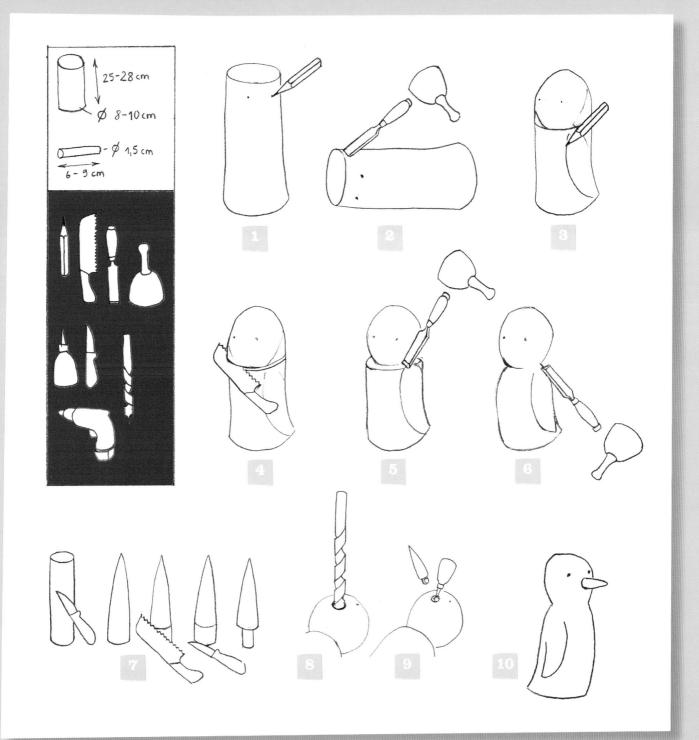

CONSEJOS PRÁCTICOS

Lo más importante a la hora de esculpir la madera es sujetar bien la pieza antes de empezar. Los niños trabajan con cierta autonomía siempre que la pieza esté bien fijada, por lo que se trata de una actividad adecuada para grupos numerosos o con niños especialmente movidos.

• Al contrario de lo que ocurre con la talla, es difícil que los niños se hagan daño esculpiendo, puesto que necesitan las dos manos para manejar las herramientas.

• El formón no se golpea con un martillo, sino con un mazo, de modo que es más sencillo acertar en el mango del formón. Un martillo normal tiene una superficie de contacto muy reducida que podría deteriorar fácilmente el mango del formón y aumentaría las probabilidades de fallar el golpe y lastimarnos. Una maza de goma tampoco es una buena solución: rebota demasiado y no transmite la fuerza necesaria.

• A muchos niños les parece liberador golpear el formón con el mazo porque disfrutan ejercitando los músculos y haciendo saltar virutas de madera.

• Esculpir en madera es especialmente adecuado para los niños que tengan la fuerza suficiente para golpear el formón con el mazo. Sin embargo, esto tampoco tiene que tomarse como una limitación de edad, puesto que depende más bien de la constitución física de cada niño. Un mazo más pequeño y ligero, y un formón de menor tamaño compensarán el hecho de no tener mucha fuerza. También cabe la posibilidad de utilizar el formón con las dos manos, sin la ayuda del mazo.

• De vez en cuando interrumpiremos el trabajo, por muy frenético que sea, para darle la vuelta a la pieza y tomarnos un tiempo para observar la escultura a cierta distancia y desde diferentes ángulos.

• Al cabo de una o dos horas, incluso los más entusiastas estarán agotados.

• Para los proyectos incluidos en el libro, los niños necesitarán más o menos entre seis y ocho horas.

• Esculpir en madera es una muy buena actividad para hacerla al aire libre. Es una buena idea que varios niños esculpan en el mismo bosque el tronco de algún árbol caído, aunque hay que intentar que siempre guarden una distancia de seguridad entre ellos.

1 El caso ideal: pieza fijada en el banco de carpintero.

2 La pieza atornillada a un trozo de viga.

3 En este caso, la pieza se sujeta directamente en el tornillo del banco.

4 Dos troncos también pueden sustituir el banco de trabajo si se sujetan entre sí con una grapa de construcción. La rama que sobresale de uno de ellos sirve también como tope.

5 Un palé o un banco también pueden servir como banco de trabajo.

155

ANEXO

MEDIDAS DE SEGURIDAD

HOJAS AFILADAS

• Las hojas de las herramientas deben estar bien afiladas, de manera que corten sin ejercer demasiada fuerza.

• No comprobar nunca el filo de las herramientas con el dedo, sino con un trozo de papel. Más información en el glosario final.

• Las herramientas que estén muy afiladas deben guardarse enfundadas después de usarse.

• Está terminantemente prohibido correr con una herramienta afilada en la mano. Podrías tropezar y hacerte daño o herir a alguien.

• Mientras estés trabajando con herramientas afiladas, evita hacer movimientos amplios con los brazos.

• Cuando trabajes con herramientas afiladas debes tener los pies firmes en el suelo o estar sentado en una posición estable.

• Si hay otros niños que también están trabajando con herramientas afiladas, evita empujarlos o sobresaltarlos.

• Trabaja con atención y concentración.

• Si todavía no dominas bien la herramienta, intenta que algún adulto con experiencia te enseñe a utilizarla.

USO DE HERRAMIENTAS ELÉCTRICAS

• El trabajo con herramientas eléctricas no es peligroso si el entorno es adecuado y se procede con precaución. Los accidentes causados por descuidos pueden tener consecuencias graves.

• Si todavía no tienes práctica con una herramienta eléctrica, intenta que algún adulto con experiencia te enseñe a utilizarla y practica con él. Sobre todo ¡tienes que saber apagar la máquina en cualquier momento!

Antes de encender la máquina

• Recógete el pelo si lo llevas largo.

• Si llevas reloj, pulseras, anillos o collares, quítatelos antes de empezar. Ten cuidado también con la ropa holgada, que no enganche en la máquina.

• Asegúrate de que la pieza esté bien fijada.

• Comprueba que la broca o la hoja de la sierra estén bien colocadas y firmemente sujetas.

• Trabaja con calma y atención.

Si de repente la máquina empieza a hacer más ruido de lo normal, apágala en intenta averiguar la causa. Intenta que te ayude algún adulto. A veces puede romperse alguna broca u hoja de sierra.

POLVO

• Evita inhalar polvo.

• En todos los trabajos de este libro el lijado se ha hecho solo a mano, así no se levanta tanto polvo.

• La inhalación de polvo se reduce al trabajar al aire libre o en una habitación bien ventilada.

• Recoge el polvo que levantes aserrando o lijando con una aspiradora o con un trapo húmedo. Si lo barres con la escoba, volverás a levantarlo de forma innecesaria.

• No sierres, raspes o lijes demasiadas tablas de aglomerado o de MD porque desprenden un polvo que es perjudicial para la salud si se inhala en grandes cantidades.

HERRAMIENTAS: EQUIPO BÁSICO

Como equipo básico para un taller de carpintería infantil, recomendamos las herramientas siguientes:

• Un cuchillo de tallar
• Una sierra japonesa tipo Kataba* mini
• Dos tornillos de banco
• Un bote de cola de carpintero (100 g)
• Un juego de brocas de madera (3-12 mm)
• Un taladro (manual o eléctrico)
• Un martillo (200 g)
• Clavos variados
• Unas tenazas
• Una escofina de media caña (puede utilizarse por varios ángulos, tanto para redondear como para superficies planas)
• Papel de lija de diferente gramaje: 80, 120, 220 (puede sustituir la lima)

La sierra y la escofina deberían ser nuevas para garantizar que estén realmente afiladas. En cualquier caso, hay que intentar que sean de buena calidad. El resto de herramientas debe estar en buen estado.
Es importante que los niños tengan un lugar adecuado para guardarlas.
Si el interés por la carpintería se convierte en pasión, recomendamos ampliar el equipo con:

• Un tornillo de banco
• Una escofina redonda
• Una lima de media caña
• Un destornillador eléctrico (puede utilizarse como destornillador y como taladro)
• Una sierra de marquetería
• Sargentos

EL LUGAR DE TRABAJO

Tal vez tengas la suerte de tener en casa un banco de trabajo: son el lugar perfecto para que los niños construyan este tipo de proyectos. De lo contrario, también servirá cualquier mesa firme y estable; estaría bien que fuera pesada o que estuviera fijada si no queremos que acabe al otro lado de la habitación cuando los niños empiecen a raspar con la escofina con todas sus fuerzas. La superficie de trabajo debería quedar más o menos a la altura de las caderas de los niños y no debería moverse ni rebotar. En la mayoría de los casos basta con una superficie de trabajo equivalente a un tamaño DIN A2. Siempre debería tenerse en cuenta que los niños pueden cometer errores y no es extraño que perforen o sierren más allá de lo que se habían propuesto, por eso mejor si pueden trabajar sobre una superficie en la que eso no suponga ningún problema. A los niños les gusta mucho tener un espacio de trabajo propio, solo para ellos, donde poder dejar el trabajo a medias o secándose hasta el día siguiente.

EQUIPO DE HERRAMIENTAS PARA GRUPOS

Cuando pensemos en adquirir herramientas para trabajar con grupos de niños, lo primero que deberemos plantearnos es cómo queremos trabajar con ellos.

Si todos los niños van a trabajar en el mismo proyecto avanzando paso a paso, todos necesitarán las mismas herramientas al mismo tiempo.

Esto no ocurrirá, en cambio, si los niños trabajan en proyectos distintos, y tampoco requerirán tantas herramientas si se dividen los grupos según la etapa de trabajo.

Hemos elaborado dos listas para enumerar el equipo básico necesario según las circunstancias (para grupos de trabajo de ocho niños).

EQUIPO BÁSICO (PARA OCHO NIÑOS)

TRABAJO CONJUNTO PASO A PASO:

• Ocho tornillos de banco
• Ocho minisierras japonesas tipo Kataba
• Un serrucho
• Dieciséis sargentos
• Ocho escofinas de media caña
• Ocho martillos (200 g)
• Clavos variados
• Ocho lápices
• Ocho reglas
• Ocho escuadras
• Papel de lija de diferente gramaje (80, 120, 220)
• Ocho taladros manuales o eléctricos (¡o un taladro de pie para todos!)
• Ocho juegos de brocas (3-12 mm)
• Ocho botes de cola de carpintero (100 g)
• Tres tenazas

POSIBLE AMPLIACIÓN:

• Un destornillador a batería (solo uno, puesto que hay que supervisar su uso)
• Una caladora eléctrica (solo una, puesto que hay que supervisar su uso)
• Ocho sierras de marquetería
• Ocho escofinas redondas
• Ocho limas de media caña
• Unos alicates universales
• Unos alicates de punta
• Una sierra para metal
• Más sargentos
• Un juego de brocas de corona (solo si se dispone de taladradora de pie; un solo juego es suficiente, porque hay que supervisar su uso)
• Un juego de fresas Forstner (solo si se dispone de taladradora de pie; un solo juego es suficiente, porque hay que supervisar su uso)

SI TRABAJAN EN DIFERENTES PROYECTOS/ETAPAS:

• Ocho tornillos de banco
• Cinco minisierras japonesas tipo Kataba
• Un serrucho
• Diez sargentos
• Tres escofinas de media caña
• Tres martillos (200 g)
• Clavos variados
• Ocho lápices
• Cuatro reglas
• Dos escuadras
• Papel de lija de diferentes gramajes (80, 120, 220)
• Tres taladros manuales o eléctricos
• Un juego de brocas (3-12 mm)
• Un bote de cola de carpintero (500 g)
• Tres tenazas

POSIBLE AMPLIACIÓN:

• Tres sierras de calar
• Tres escofinas redondas
• Tres limas de media caña
• Unos alicates universales
• Unos alicates de punta
• Una sierra para metal

El trabajo será más sencillo, tanto para los niños como para los adultos que los supervisen, si cada herramienta tiene un lugar fijo asignado para guardarlas. Se puede comprar un tablero para este fin, o bien construirse uno a medida. Los dientes de las sierras, escofinas y limas no deberían tocarse para no dañar el filo y que pierdan corte. Son muy prácticos los sistemas de almacenaje que permiten ver si falta algo (véase la página 110).
Aparte de todo esto, en el taller no puede faltar nunca un buen botiquín de emergencia.

GLOSARIO

AFILADO DE CUCHILLOS

La hoja del cuchillo debe estar en diagonal sobre la piedra mientras se mueve longitudinalmente o describe pequeños círculos. Lo importante es que el bisel del filo quede plano sobre la superficie de la piedra.

Intenta que el contacto entre la piedra y la hoja del cuchillo sea lo más regular posible. El rastro que irás dejando sobre la piedra de afilar y el ruido te ayudarán a saber si lo estás haciendo bien. Afilar cuchillos requiere mucho tiempo, mucha paciencia y, sobre todo, mucha práctica (la práctica es el mejor de los maestros).

ALOJAMIENTO

El alojamiento de un eje permite su movimiento rotatorio. En los modelos que se muestran en este libro, son sobre todo simples agujeros en los que se inserta el eje.

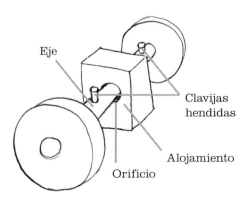

CABIOS O LISTONES DE TEJADO

Se colocan encima de las vigas para sostener las tejas. Son de sección rectangular y suelen medir 24 × 48 mm, 24 × 60 mm, 30 × 40 mm y 40 × 60 mm. No utilices los listones de color verdoso, pues han recibido un tratamiento de protección química prohibido desde 2012.

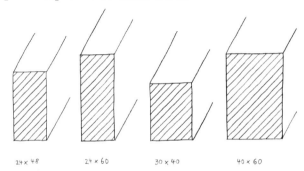

Perfiles de listones de tejado

COMPROBACIÓN DEL FILO DE UNA HOJA

Para saber si una hoja está afilada, necesitas un trozo de papel. Sostén el papel en el aire, tensándolo con una mano: por un lado, entre el pulgar y el anular, y entre el índice y el corazón por el otro. Intenta cortarlo con la otra mano; si puedes hacerlo sin dificultad y el corte es limpio, la hoja está afilada; si el papel no cede con facilidad y el corte es basto e irregular, la hoja es demasiado roma y debe afilarse.

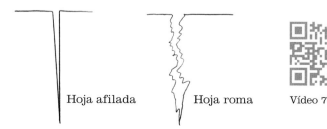

Hoja afilada   Hoja roma   Vídeo 7

CONTRACHAPADO HIDRÓFUGO

La resistencia del contrachapado depende de la cola utilizada para su fabricación. El contracha-pado náutico está recubierto con cola resistente al agua y puede encontrarse en diferentes calida-des. Es especialmente resistente, y lo hay lavable a alta temperatura, resistente al agua de mar y a los ambientes tropicales.

FORMAS GEOMÉTRICAS BÁSICAS

Estas son, por ejemplo, la esfera, la semiesfera, el cono, el cilindro y el prisma rectangular.

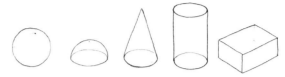

Formas geométricas básicas

DEFENSA DEL CUCHILLO

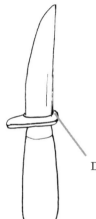

Pieza transversal que separa el mango de la hoja para evitar las heridas que podría sufrir la mano si llegara a deslizarse has-ta la hoja. Los cuchillos de caza siempre tienen defensa; en los de tallar puede resultar un estorbo.

Defensa

GRAPA DE CONSTRUCCIÓN

Pieza metálica en U con los extremos acabados en punta. Estos extremos se introducen en la made-ra golpeando la grapa con el martillo, y sirven para fijar piezas de madera rápidamente. Los carpinteros las utilizan para evitar, por ejemplo, que una viga se deslice mientras trabajan en ella. En la página 155 puedes ver cómo una de estas grapas de construcción permite improvisar un banco de trabajo a partir de unos troncos.

Grapa de construcción

ESPÁTULA PARA ENCOLAR

Una espátula de rafia de tilo puede servirte para aplicar y extender la cola de carpintero. A dife-rencia de lo que ocurre con el pincel, en el caso de la espátula no será necesario limpiarla enseguida con agua después de utilizarla. Además, se puede modificar en un momento para darle la forma deseada.

FORMA COMPACTA

Forma simple sin cavidades profundas ni partes que sobresalgan demasiado. Una esfera o un hue-vo son formas compactas ideales.

LISTÓN REDONDO O VARILLA

Formato de madera de corte transversal redondo; su diámetro indica el tamaño y suele expresarse en milímetros. Pueden comprarse en tiendas de bricolaje, manualidades o modelismo.

LUBRICACIÓN DEL AFILADO

Al afilar una hoja, la piedra arranca partículas de acero muy finas de la herramienta. La lubricación del afilado se encarga de eliminar estas partículas. Según el tipo de piedra, el lubricante será agua o aceite.

MADERA A LA DERIVA

La madera arrastrada por el agua que suele encontrarse en las orillas de los ríos, lagos o playas.

MADERA ASERRADA (SIN CEPILLAR)

Las tablas y los tablones sin cepillar son aquellos recién salidos del aserradero, antes de que reciban ningún tratamiento superficial. La madera aserrada es más económica que la cepillada, pero debe manipularse con guantes para evitar que se nos claven astillas.

MADERA DURA / BLANDA

La clasificación de las maderas en función de su dureza puede ser muy confusa, porque en realidad no indica si resulta arduo o sencillo trabajarla, sino que se refiere a la estructura de las celdas de sus fibras.

Toda la madera de árboles de hoja caduca se considera dura, mientras que la de las coníferas es blanda. Por tanto, pese a lo blanda que es la madera de tilo y las posibilidades que nos brinda para trabajarla, se cuenta entre las maderas duras por ser de un árbol de hoja caduca. De hecho, incluso la madera de balsa, una madera extremadamente ligera y dúctil, entraría dentro de ese grupo. La facilidad o dificultad para trabajar una madera dependerá del crecimiento del árbol: la de los árboles de crecimiento rápido es más fácil de trabajar, y más difícil la de los árboles de crecimiento lento. Una madera de un pino del centro de Europa es más fácil de trabajar que una de un pino de Escandinavia, por ejemplo.

MASILLA PARA MADERA

Pasta viscosa para rellenar pequeños orificios, tapar tornillos hundidos, muescas y hendiduras en la madera. Una vez endurecida puede lijarse antes de pintar.

PIEDRA BELGA

Tipo de piedra natural de afilar conocida ya desde la época romana. Se utiliza con agua como lubricante de afilado.*

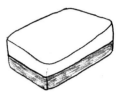

Piedra belga

PIEDRA DE AFILAR / DE ASENTAR

Sirven para afilar y conservar el filo de las herramientas de corte. Pueden ser naturales (piedras de agua) o sintéticas y se encuentran de granos muy diversos. El grano determina la finura del acabado. A mayor grano, más fina será la piedra. Las piedras de entre 80 y 220 se utilizan para rebajar la hoja y reparar muescas; las de entre 800 y 2.000 para afilar y las piedras de por encima de 3.000 para asentar y pulir el filo.

PIEDRA DE ARKANSAS

Piedra natural de afilar de grano fino. Suele utilizarse con aceite como lubricante de afilado:* una hoja ligeramente engrasada corta más que una seca, y además no se oxida con tanta facilidad.

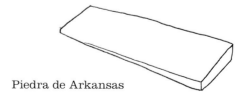

Piedra de Arkansas

SIERRAS JAPONESAS

Kataba: sierra japonesa robusta y sin refuerzo posterior adecuada para los cortes profundos, largos y precisos. Las sierras japonesas se diferencian por la forma de la hoja. Además de la Kataba, están la Dozuki y la Ryoba. La Dozuki tiene un refuerzo posterior y, por consiguiente, una profundidad de corte limitada. La Ryoba tiene una hoja de doble filo: un lado para cortar en la dirección de las fibras y el otro para serrarlas en perpendicular.

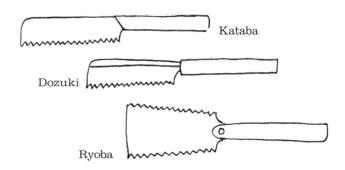

Kataba

Dozuki

Ryoba

TABLEROS

Por 'tablero' nos referirnos a todas las planchas de madera de fabricación industrial. Pueden estar formados por planchas de madera muy finas (contrachapado), por virutas (conglomerado), por listones (alistonado) o por fibras (DM). Antes, los tableros conglomerados o de DM se fabricaban con colas que contenían formaldehído, una sustancia cancerígena y tóxica; desde entonces muchos fabricantes han cambiado las colas. Puesto que el tipo de cola utilizada no es visible en los tableros, deberías evitar serrar, limar o lijar este material en la medida de lo posible.

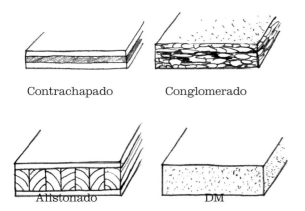

Contrachapado Conglomerado

Alistonado DM

TABLERO CONTRACHAPADO

Tableros de madera formados por al menos tres capas de madera encolada en posición contrapuesta; es decir, que las fibras de una capa son perpendiculares a las de la siguiente, lo que explica que el número de capas del contrachapado siempre es impar. Las propiedades del contrachapado dependen del número de capas y del tipo de madera y de encolado. El contrachapado de chopo, por ejemplo, es muy blando, ligero, claro y barato, tiene una veta casi inapreciable y es muy adecuado para que los niños aprendan a serrar. El de haya, en cambio, es más sólido, oscuro, duro y denso que el de chopo, y también cuesta más de serrar. Los contrachapados de coníferas tienen una veta mucho más visible y a menudo solo una cara buena.

TACOS DE MADERA

Pedazo de madera de sección redonda y superficie ondulada que sirve para unir dos piezas de madera insertándolo en sendos orificios y encolando las partes. Se pueden comprar en las tiendas de bricolaje, suelen ser de madera de haya y se venden de diferentes diámetros. También puedes fabricarte tus propios tacos a partir de una rama o listón de sección redonda. Un taco de madera también puede servir para ocultar un tornillo hundido. Para ello hay que encolar el taco, insertarlo en el orificio que ha servido para hundir el tornillo y cortarlo con la sierra a la altura adecuada para que quede enrasado con la superficie.

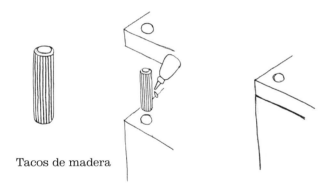

Tacos de madera

TESTA

Superficie de la sección de un trozo de madera; es decir, la cara perpendicular a la dirección de las fibras. En la testa de un tronco pueden observarse los anillos anuales. La parte de la testa presenta más dificultades a la hora de trabajar que aquellas partes que se trabajan en dirección longitudinal respecto a las fibras.

TRAQUETEO

Ruido que hacen las piezas de madera cuando vibran mientras las perforamos, aserramos, etc.

VETA

Imagen típica de la madera que muestra la dirección de las fibras. En los troncos cortados longitudinalmente y en los tablones se distingue fácilmente.

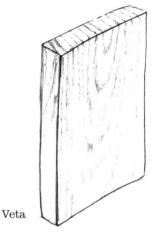

Veta

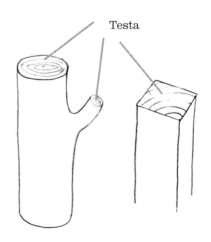

Testa

AGRADECIMIENTOS

Son muchas las personas que han contribuido a la publicación de este libro. Nuestro agradecimiento va para todas ellas.

Gracias a Jutta Müller, nuestra primera profesora de arte, por el cariño con el que acompaña a los niños en sus trabajos, que aún hoy nos inspira.

Gracias a nuestros padres, Gerda y Hans-Günter Rittermann, por enseñarnos a construir prácticamente cualquier cosa.

Gracias a Heike y Michael Rittermann por su apoyo constante.

A Bruno Rittermann, por estar siempre dispuesto a ayudarnos, y por la paciencia, simpatía y eficiencia que muestra cada vez que nos echa una mano.

Gracias a Hermann y Ludwig Plass por su entusiasmo e imaginación.

Gracias al instituto Friedrich-Eugens de Stuttgart por cedernos su taller de carpintería, sobre todo a Martin Dupper y Hildegard Langsch. Muy especialmente nos gustaría agradecer a los chicos del taller de carpintería —Alexander, Daniel, Heike, Jan, Jana, Kianusch, Maksim, Patrich, Paul, Paula, Raman, Raoul, Peter, Rosalie, Tobias, Tomislav, Victor y York— su entusiasmo y sus fantásticas ideas.

Gracias a Hans-Peter von Bahder de Nonnevitz, en la costa de Rügen, conocido también como el Zorro, por haber sabido improvisar un banco de trabajo en medio del bosque (véase la página 12).

Gracias a Franziska von Bahder y a Ralf Lange, así como a la empresa de jardinería y conservación del paisaje Claus-Dieter Niebrügge, en Garz, Rügen, por permitirnos utilizar la madera sobrante de la poda de un tilo añejo.

Muchísimas gracias a todos los niños del curso de talla de madera de Nonnevitz —Arne Paul, Benjamin, Bruno, Carolina, Dominik, Hermann, Hermine, Henriette, Konrad, Ludwig, Masa, Nicole, Nils, Rudi, Sonja, Suvi, Tanne, Yayoi y Zia— por sus ganas de colaborar y su imaginación.

Gracias a Leonard Webersinke, a Sabine Webersinke y a Minne Schlag por sus ánimos, sus críticas y sus valiosos comentarios. Y a Inken Barz por sus fantásticas ideas.

A Sebastiaan Driel, de la empresa de jardinería Van der Tol bv, de Ámsterdam, le agradecemos los permisos cedidos para las fotografías.

Un gran agradecimiento para todos los niños de Het Kinderatelier de Ámsterdam, y muy especialmente a Arie, Floor, Hermann, Julie, Koen, Lasse, Lou, Ludwig, Mink, N'zinga y Virginia por su empeño y fantasía. Gracias de todo corazón también a los niños de la escuela primaria De Catamaran de Ámsterdam, sobre todo a Boris.

Agradecemos a Walter van Broekhuizen y a Anik See, de Ámsterdam, que nos cedieran su ordenador, que nos asesoraran con sus conocimientos técnicos, que nos facilitaran el material que necesitábamos y cocinaran para nosotras con tanto cariño.

Por las críticas y el intercambio de experiencias, los consejos expertos, la inspiración y la energía positiva que nos transmitieron desde por teléfono hasta sentados a la mesa de la cocina, damos las gracias a: Maria Huschak, de Halle/Saale; Annie Toop, de Londres; Lada Hrsak, de Ámsterdam; Michael Abramjuk, de Berlín; David y Maria Rüegg, Patrizia Guggenheim, Tobias Eichelberg, y Federica, Luisa, Antonia y Virginia, de Bondo.

Para terminar, nos gustaría dar las gracias a Heidi Müller y al equipo de Haupt Verlag por la confianza, la paciencia y el cuidado que han demostrado y que nos han permitido crear este libro.

Créditos de las fotografías
Oliver Louter: pág. 6 y 88; Oliver Louter + Susann Rittermann:
pág. 11; Susann Rittermann: 6, 11, 13, 64, 71-72, 81, 89, 96,
101, 127 y 140-141; Bruno Rittermann: págs. 4, 9, 18, 20, 25,
28-29, 32, 36, 44, 47, 51, 60, 73, 77, 88, 96-97, 102, 114-115,
118-119, 133, 146, 148 y 150; Antje Rittermann: págs. 4, 9,
15-16, 18, 20, 22, 24, 32, 38, 41, 50-51, 53, 59, 62, 65, 73,
79-80, 87, 90, 103-105, 110-113, 123, 125-129, 132, 137-138,
141, 145, 152 y 155-156.

Título original: *Werkstatt Holz. Techniken und Projekte
für Kinder*, publicado por Haupt, Berna, 2014.

Idea y concepto: Susann Rittermann
Proyectos: Antje Rittermann y los alumnos del taller
de carpintería del instituto de enseñanza secundaria
Friedrich-Eugen, Stuttgart, y del curso de talla de Nonnevitz,
Rügen; Susann Rittermann y los niños del Het Kinderatelier,
Ámsterdam.
Textos y dibujos: Antje Rittermann
Vídeos: Bruno Rittermann, Antje Rittermann
Traducción: Albert Vitó i Godina
Diseño de la cubierta: Toni Cabré/Editorial Gustavo Gili, SL

Printed in Spain
ISBN: 978-84-252-3099-8
Depósito legal: B. 11062-2018
Impresión: Cachimán Gràfic, S. L., Montmeló (Barcelona)

Editorial Gustavo Gili, SL
Via Laietana, 47, 2º, 08003 Barcelona, España.
Tel. (+34) 933228161
Valle de Bravo 21, 53050 Naucalpan, México.
Tel. (+52) 5555606011